AF462580

# LETTRES
## DE M. L. B. D. B.
## A M. P. L. G. H. D. L. S.
## *A MARSEILLE,*

Sur l'existence du Magnétisme animal, & l'agent universel de la nature, dont le Docteur Mesmer se sert pour opérer ses guérisons.

*Où l'on prouve que l'un & l'autre ont été soupçonnés par les anciens Philosophes qui en ont parlé, & même fait usage sous différens noms, sans les bien connoître ; & que ce n'est qu'au Docteur Mesmer qu'appartient à juste titre la découverte de la méthode d'en faire usage, en suivant une doctrine certaine & constante, appuyée sur des expériences & des observations multipliées, que lui seul est en état d'établir & de constater d'une maniere invariable.*

Pour servir de réponse à tout ce qu'on a pu dire & écrire contre le Docteur Mesmer & ses principes, avec le moyen de se bien porter sans le secours des Médecins.

*Par M. le B. D. B., ami bénévole & sans prétention du Docteur Mesmer.*

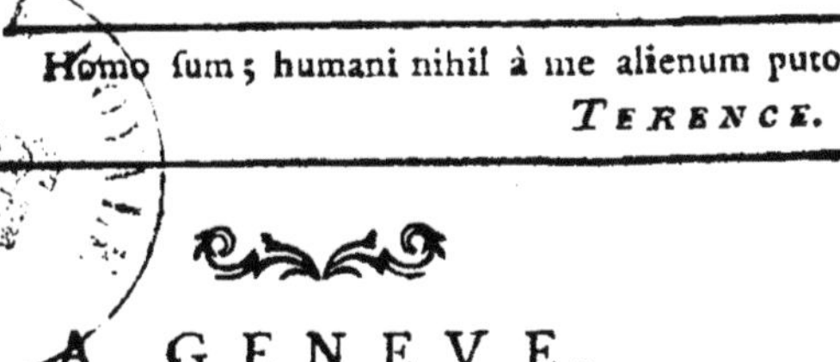


Homo sum ; humani nihil à me alienum puto.

*TERENCE.*

A GENEVE,

*Et se trouve à PARIS,*

Chez COUTURIER, Imprimeur-Libraire, Quai des Augustins, près l'Eglise.

M. DCC. LXXXIV.

# AVIS
## DE L'ÉDITEUR.

LE hasard m'ayant procuré ces Lettres, écrites de Paris à un Ami de Marseille, sur le Magnétisme Animal, & la matiere m'ayant paru intéressante, j'ai cru faire plaisir au Public, en les faisant imprimer.

Des Personnes à qui je les ai communiquées, peut-être un peu trop rigoristes, auroient desiré que l'on y fît quelques corrections dans le style qu'elles trouvoient trop négligé; mais je n'ai point jugé qu'il fût convenable d'y faire aucune correction, d'autant que le style épistolaire est un style libre & familier, semblable à celui de la conversation, où l'on courre moins après les mots qu'après les choses.

D'ailleurs la matiere que l'on y traite ne m'a pas paru susceptible, par elle-même, de la même éloquence qu'exigeroit un morceau de littérature; & j'ai pensé que si effectivement il y avoit quelque négligence dans le style, le Lecteur auroit bien la complaisance d'y suppléer, sur-tout si la matiere, dont il s'agit, est bien traitée. J'ai donc cru devoir présenter ces Lettres au Public sans y faire aucune correction, & telles que le hasard me les a procurées.

LETTRES

# LETTRES
## SUR LE
# MAGNÉTISME ANIMAL.

## LETTRE PREMIERE

*A M. P. L. G. H. de la S. à Marſeille.*

*Invidioſus peribit,*
*Sed invidia numquàm.*

C'EST avec bien du plaiſir, Monſieur, que je réponds à toutes les queſtions que vous me faites au ſujet du docteur Meſmer.

Vous me demandez ſi ce docteur continue toujours de faire des cures auſſi ſurprenantes qu'on le dit, s'il eſt vrai qu'il ſoit appuyé par le gouvernement, & qu'enfin la faculté de médecine de Paris approuve ſa doctrine.

Vous me demandez encore quel eſt cet homme, ſi c'eſt véritablement un ſavant, ou ſeulement un charlatan, comme beaucoup de perſonnes le veulent dire.

Ce que c'eſt que ce magnétiſme animal & cet agent univerſel, par la vertu duquel il prétend guérir toutes les maladies ſans remedes, & ſeulement en touchant les malades; enfin, ſur le tout, vous me demandez mon ſentiment, ne pouvant, dites-vous, vous réſoudre à croire ces merveilles dont on parle diverſement.

Vous me faites aſſurément plus d'honneur que je ne mérite, de vouloir vous en rapporter à mon ſentiment; il eſt d'un très petit poids à tous égards. Cependant je vais tâcher de vous ſatisfaire de mon mieux. Au ſurplus je crois pouvoir vous dire, ſans trop me flatter, que vous ne pouviez gueres mieux vous adreſſer pour être inſtruit de ce qui fait le ſujet de votre lettre: vous en jugerez par tout ce que je vais vous dire. J'entre en matiere. Il paroît une lettre imprimée, de M. Court de Gebelin, auteur du monde primitif, qui vous mettra parfaitement au fait de tout ce que vous deſirez ſavoir : je vous l'envoie ſous cette enveloppe.

M. de Gebelin eſt un ſavant du premier ordre, & eſtimé généralement, cenſeur royal de pluſieurs académies, & préſident honoraire & perpétuel du muſée de Paris. Ayant été dangereuſement malade, il rend compte de ſa maladie & de la maniere dont il a été guéri par le docteur Meſmer;

& ſa reconnoiſſance l'engage à prendre ſa défenſe autant que par amour de la vérité & de l'humanité.

Il raconte toutes les guériſons opérées par le docteur Meſmer, dont il a connoiſſance, & qui ſont avérées & atteſtées par un grand nombre de perſonnes diſtinguées & dignes de foi : il dit, à ce ſujet, tout ce qu'on peut dire pour la défenſe de ſa doctrine, & il le dit avec toute l'éloquence & l'énergie poſſibles.

Cette lettre en a occaſionné une autre en réponſe, par le révérend pere Hervier, religieux Auguſtin, docteur de Sorbonne, homme d'un grand mérite, très-ſavant & habile prédicateur. Il a été, de même que M. de Gebelin, dangereuſement malade; &, après avoir épuiſé les reſſources de la médecine ordinaire, il eut recours au docteur Meſmer qui lui rendit la ſanté.

Excité par une juſte reconnoiſſance, il a cru devoir la publier pour rendre hommage à la vérité & au docteur Meſmer. Cette lettre eſt des plus intéreſſante, remplie de faits & d'éloges bien mérités. Elle fut lue publiquement, le 13 du mois de Novembre de l'année derniere, au muſée de Paris, où elle fut généralement applaudie par une aſſemblée très-nombreuſe.

J'étois préſent à cette lecture qui me fit le plus grand plaiſir. On m'a aſſuré qu'elle ſeroit imprimée : ſi elle l'eſt, je ne manquerai pas de vous l'envoyer. Comme vous pouviez ignorer ce que c'eſt que le muſée de Paris, je crois à propos de vous en parler.

C'eſt une ſociété de ſavans en tous genres, qui s'aſſemblent un des jours de la ſemaine, rue Dauphine, dans un hôtel qu'ils ont loué à cet effet, pour y lire différens ouvrages de leur compoſition, & ſe rendre compte de tout ce qu'ils peuvent apprendre de nouveau ſur les arts & les ſciences, par la voie des correſpondances qu'ils ont dans différens pays de l'Europe, & même au-delà.

Tous les premiers mercredis de chaque mois, ils font une aſſemblée où le public eſt admis par billets. La ſéance ſe paſſe en lectures d'ouvrages lus & approuvés dans les aſſemblées particulieres, & eſt terminée par un ſuperbe concert exécuté par des amateurs de la premiere claſſe. Il faut encore vous dire qu'il y a un autre muſée qui n'eſt pas celui dont je parle, & qui fait ſes aſſemblées rue Saint-Avoie. On diſtingue ce muſée du précédent par le titre de *muſée de* MONSIEUR. Il eſt auſſi compoſé de ſavans que l'amour des arts & des ſciences ont réunis, & dont je ne puis vous rien dire, ne le connoiſſant que de nom : mais revenons à notre ſujet.

J'entendis donc la lecture de la lettre du pere Hervier avec la plus grande ſatisfaction, & elle m'inſpira le deſir de lire celle de M. de Gebelin, pour réunir les ſuffrages de deux hommes auſſi eſtimables, & pouvoir avec plus de juſtice apprécier le mérite d'un homme qui m'avoit toujours paru digne de l'eſtime & de la vénération publiques, même au milieu des perſécutions, des contradictions & des injures qu'il a eu le courage de braver; courage qu'on ne peut attribuer qu'à ſon amour pour l'humanité, puiſqu'il n'attendoit pas de ſa découverte les moyens de vivre, ſa fortune le mettant au-deſſus des beſoins qui font ordinairement agir les gens à ſecret; en quoi il eſt d'autant plus digne d'admiration, que nous ſommes dans un ſiecle où l'intérêt perſonnel gouverne tant de gens au détriment du bien public.

Je vous dirai que j'ai eu occaſion de connoître le docteur Meſmer à ſon arrivée à Paris. Je l'ai d'abord fréquenté par curioſité, & enſuite par goût & par inclination, d'après les converſations que j'ai eues avec lui.

J'ai aſſiſté à pluſieurs de ſes traitemens; & dans toutes les occaſions que j'ai ſaiſies de découvrir ſon ame & ſes principes, je n'ai découvert en lui que beaucoup de candeur, de probité, de juſteſſe & de ſavoir.

Ce n'eſt que d'après cette connoiſſance, que je lui ai accordé mon eſtime : mais je n'ai pu faire avec cet homme rare une certaine liaiſon. Une vie très-retirée & des occupations particulieres m'ont privé du plaiſir que j'aurois eu de faire avec lui une liaiſon plus étroite, & je l'ai perdu de vue pendant plusieurs années. Je me suis contenté de m'en informer souvent. J'apprenois avec satisfaction ses progrès, & ce n'étoit qu'avec beaucoup de méfiance que j'entendois quelquefois mal parler de lui. En effet, ayant voulu souvent en approfondir l'origine, je me suis toujours trouvé vis-à-vis cet intérêt personnel, cette peste de toutes les sociétés..... *Commodus sibi uni, reipublicæ venenum*; ce qui m'a décidé à être inébranlable à son sujet, dans ma façon de penser.

Les éloges donnés au docteur Mesmer par M. de Gebelin & par le pere Hervier, & les témoignages authentiques que lui ont rendus tant de personnes dignes de foi, cités dans la lettre de M. de Gebelin, m'ont d'autant plus fait de plaisir, que le jugement anticipé que j'avois porté de ce médecin, avant même qu'il eût acquis la célébrité dont il jouit, étoit juste, puisqu'il se trouvoit confirmé par le nombreux témoignage des gens les plus dignes de foi, qu'il a guéris. Mon amour propre en a été flatté; car, quoique j'aie adopté la retraite, ce n'est point par misantropie : je tiens toujours à la société par le cœur, & par les sentimens d'humanité qui m'animent; & j'aime à me trouver conforme dans ma façon de penser, avec les honnêtes gens, avoués & reconnus pour tels dans le public, & qu'on ne peut pas soupçonner de prévention ni de partialité.

Je voudrois être à même de chanter aussi les

louanges du docteur Mesmer, & de les publier, comme ont fait M. de Gebelin & le docteur Hervier; je le ferois bien volontiers. Au moins si, comme eux, la reconnoissance n'en étoit pas le motif, l'amour de la vérité & celui de l'humanité en feroient encore plus puissans & moins suspects, puisqu'on peut toujours craindre qu'un sentiment trop vif de reconnoissance ne nous porte quelquefois trop loin.

Je puis donc vous dire que le docteur Mesmer est un homme unique, & tel qu'il ne s'en est encore point vu, & envoyé sans doute pour être le restaurateur de la vie & de la santé des hommes.

Quelle plus belle prérogative un homme peut-il souhaiter sur la terre? Quel bien plus réel peut-il desirer? En est-il en effet qui puisse égaler celui de faire le bonheur de ses semblables?

Le docteur Mesmer a guéri une infinité de maladies où la médecine ordinaire avoit été infructueuse, par le seul secours du magnétisme animal.

Cependant, malgré toutes ces guérisons surprenantes, & tandis que la reconnoissance publioit ses louanges, en rendant hommage à la vérité, les envieux, animés par une jalousie indigne du véritable citoyen, vomissoient mille injures contre lui. On le traitoit de charlatan; on démentoit ceux même qui affirmoient avoir été guéris. On leur disoit : cela n'est pas possible : vous n'étiez pas malades ; c'eſt votre imagination qui l'étoit, & non pas votre corps, &c.

Liſez la lettre de M. de Gebelin, vous y verrez avec indignation, dans le plus grand détail, tous les déſagrémens qu'on lui a fait eſſuyer avec autant de dureté que d'injuſtice. Le docteur Meſmer, auſſi élevé par ſon cœur que par ſon ſavoir, a mépriſé tous les ſarcaſmes que la noire jalouſie vomiſſoit contre lui, & n'a pas ceſſé un ſeul inſtant d'aller toujours tête levée à ſon but, en ſe rendant utile à l'humanité. Voilà comme il s'eſt vengé.

« Entouré d'ennemis, ſon cœur en pleine paix,
» S'eſt vengé des ingrats à force de bienfaits ».

Il me ſemble voir Hercule combattant l'hydre de Lerne, qui, à meſure qu'il abbat une tête, en voit renaître une autre.

Quelle reconnoiſſance l'humanité ne lui devra-t-elle pas, d'avoir eu le courage de réſiſter avec tant de patience à tous les obſtacles multipliés qu'on lui a ſuſcités ! Que la poſtérité ſera heureuſe, que, découragé, ennuyé, rebuté, il n'ait pas, comme on dit, jetté le manche après la coignée !

Mais auſſi quelle ſera ſa récompenſe? Elle ne peut être compriſe que par les ames ſenſibles au bien de l'humanité. Son propre cœur la lui donnera.

Quel eſt donc ce Meſmer à qui Dieu a départi ſi libéralement une des plus belles parties de ſon divin pouvoir, celui de donner la vie & la ſanté?

N'eſt-ce pas donner la vie que de donner la ſanté à un homme expirant?

N'eſt-ce pas donner la vie à qui gémit ſous le poids des douleurs & des infirmités, à qui le déſeſpoir fait deſirer la mort ? Qu'eſt-ce que la vie ſans la ſanté ?

*Sanitate neglectâ, cæterarum nulla voluptas, quoniam, ſine ſanitate, opes, divitiæ, corpus, honores, nulli ſunt uſui & utilitati.* Hyp. lib. 3, de victûs ratione.

Un grand argument que beaucoup de perſonnes font contre l'établiſſement de la doctrine du docteur Meſmer, conſiſte à dire : « mais ſi cette doctrine » eſt reçue, & ſi l'on ne guérit plus les maladies » que par la méthode meſmérienne, que deviendront tant de gens diſtingués par leur mérite, » leur ſcience & leur expérience? Que de latin & » de grec de perdu!

» Si les médecins ne font plus ni ordonnances, » ni viſites ; ſi les chirurgiens ne font plus de » ſaignées ; ſi les apothicaires ne font plus de » médecines, de potions, d'apozemes, de juleps, » d'électuaires, &c. que deviendront tous ces » honnêtes gens ? Que fera-t-on de tout ce fatras » de drogues & de compoſitions qui décorent tant » de belles boutiques ; car enfin la ſeule gloire & » l'amour de l'humanité, dit-on, ne ſont pas les » ſeuls reſſorts qui font mouvoir toutes ces têtes.

» Semblables, ajoute-t-on, aux guerriers que

» la gloire conduit dans les champs de Mars, il
» leur faut aussi des récompenses, & un certain
» intérêt pécuniaire, sans faire tort à l'honneur,
» qui est le premier mobile.

» Tout est métier dans ce monde, s'écrie-t-on,
» & chacun veut vivre du sien. La distinction des
» états n'y fait rien. Vive l'honneur, dit Arlequin,
» pourvu que je dîne.

Voilà à-peu-près les objections que des personnes neutres & impartiales font tout en plaisantant, au sujet de la doctrine mesmérienne.

Je conviens, avec eux, qu'un homme qui n'a pas dîné fait une triste figure, & n'est pas propre à grand chose.

*Jejunus venter non audit verba libenter.*

Je conviens aussi que si effectivement toutes ces têtes se trouvoient isolées & désœuvrées, cela mériteroit quelques considérations, quoiqu'il soit peut-être permis, dans certaines occasions, de permettre un petit mal physique, pour en empêcher un plus grand.

Je conviens encore qu'un nombre de certaines têtes désœuvrées pourroient causer bien des troubles dans la société, & que nous en avons déjà assez, sans en augmenter le nombre.

Mais heureusement nous n'avons rien de tout cela à craindre dans le cas dont il s'agit, quand bien même la doctrine du docteur Mesmer seroit adoptée & ſuivie. Voici comment je le prouve.

En admettant la ſuppoſition. Ceux d'entre les docteurs de la faculté, qui, ſe rendant à l'évidence, voudroient ſuivre la doctrine du docteur Meſmer, & ſa méthode, en ſeroient les maîtres, & alors ils continueroient d'exercer leur profeſſion avec la même diſtinction & la même candeur qu'ils exerçoient l'ancienne médecine; peut-être même pourroient-ils la perfectionner; car quoiqu'Hypocrate ait été reconnu pour le prince de la médecine, combien n'a-t-on pas, depuis lui, perfectionné ſa doctrine? Il en ſera de même de celle du docteur Meſmer. De quoi ne ſont pas capables l'étude & l'expérience, aidés de l'amour de l'humanité?

Ceux, au contraire, d'entre tous ces docteurs qui, entêtés de leurs préjugés & de l'ancienne doctrine, ne voudront pas ſe rendre à l'évidence, eh bien, ils ſeront les maîtres de ſuivre leur opinion, & de continuer leur profeſſion à l'ordinaire, ſuivant la doctrine d'Hypocrate, même celle de Galien, malgré les contradictions de ces deux grands hommes, & il n'y aura rien de changé pour eux.

Ils trouveront aſſez de gens auſſi entêtés qu'eux de l'ancienne médecine, pour les occuper avantageuſement; & s'il eſt vrai que le nombre des foux ſoit auſſi grand qu'on a voulu le dire, ils feront des fortunes étonnantes.

Le monde eſt plein de foux; & qui n'en veut pas voir,<br>Doit chez ſoi s'enfermer, & briſer ſon miroir.

Salomon, ce roi ſi ſage, a dit lui-même qu'il étoit le plus fou des hommes. Voyez l'eccléſiaſt. chap. 30. Après un pareil aveu d'un homme reconnu pour ſi ſage, qui oſera s'offenſer d'être traité de fou?

Le nombre des docteurs qui ſuivront la nouvelle doctrine, diminuant d'autant celui de ceux qui ſuivront l'ancienne, augmentera à proportion les profits de ces derniers.

Cette ſéparation occaſionneroit deux facultés, au lieu d'une, qui ſeroient diſtinguées l'une de l'autre par le nom des chefs dont les membres ſuivroient la doctrine.

Par exemple, l'une s'appelleroit la faculté d'Hypocrate, & l'autre la faculté de Meſmer; & comme il faut toujours rendre aux anciens l'honneur & le reſpect qui leur ſont dus, l'ancienne médecine auroit toujours, de droit, la primauté, & le pas ſur l'autre, dans toutes les occaſions, ſans cependant dépendre l'une de l'autre en quoi que ce ſoit.

Semblable aux pays où la tolérance eſt permiſe en fait de religion, la tolérance, en fait de médecine, ſeroit permiſe en France; d'où il ne pourroit réſulter qu'un très-grand bien, en excitant l'émulation, & laiſſant en même temps à chacun la liberté de ſuivre ſon opinion; bien, d'autant plus réel dans une ſociété, que c'eſt toujours la diverſité d'opinion qui, dans tous les temps, a cauſé le malheur de l'humanité, & que malheureusement chacun croit la sienne meilleure que celle des autres.

Les apothicaires & les chirurgiens trouveroient également leur compte dans notre supposition, par la même raison que les médecins de l'ancienne médecine y trouveroient le leur. D'ailleurs, le docteur Mesmer n'exclut pas toutes les drogues; à la vérité, il en diminue beaucoup le nombre : mais les médecins de l'ancienne médecine qui sont de bonne-foi, conviennent eux-mêmes qu'il faudroit en diminuer au moins la moitié.

Daniel Ludovicus, un des célebres médecins du siecle passé, va encore plus loin.

« J'ai avancé, dit-il, que ce fratras de trois ou » quatre mille drogues, dont on avoit autrefois » commencé la réforme, pouvoit être réduit à » cent, &c. A quoi bon, ajoute-t-il, tant de re» medes de même espèce, consistance & efficacité, » & pour la même fin, qui ne different que par » l'étiquette, le nom de l'auteur, l'arrangement, » le poids ou autres circonstances de peu de con» séquence? &c. » Traité du bon choix des médicamens, par Daniel Ludovicus, commenté par Etmuller, tom. 1, pag. 26.

Au surplus, en supposant que Messieurs les apothicaires débitassent moins de drogues, le remede seroit de les vendre plus cheres : il est vrai qu'elles le sont déjà assez; mais n'importe, il n'y auroit perſonne qui ne préférât de les payer au double, pour en moins prendre, les avoir plus agréables, & guérir plutôt.

Les chirurgiens ſuivroient le ſort des apothicaires, s'ils faiſoient moins de ſaignées; ils pourroient s'en dédommager ſur les maladies de galanterie qu'ils pourroient ſe faire payer plus cher; & comme la France eſt, ſans contredit, le ſéjour de la politeſſe & de la galanterie, il n'y a pas de doute que Meſſieurs les chirurgiens trouveroient, dans cette partie, de quoi amplement ſe dédommager.

Tout ce que j'exigerois de ces Meſſieurs, ſi j'étois le maître, toujours dans ma ſuppoſition, ce ſeroit de s'abſtenir entiérement du mercure, ſous quelque forme que ce puiſſe être; avec d'autant plus de raiſon, que les médecins ne ſont rien moins que d'accords entr'eux ſur les effets de ce minéral, qu'on voudroit mettre aujourd'hui à toutes ſauces. Quoi qu'il en ſoit, au moyen de cette tolérance que je ſuppoſe, je crois, Monſieur, que les inconvéniens que l'on craint, ſi la doctrine du docteur Meſmer prenoit faveur, tombent d'eux-mêmes.

Au ſurplus, que ces Meſſieurs s'arrangent entre eux; je n'ai aucune voix en chapitre. Ce que j'en dis eſt entre nous, & je n'ai nulle envie de m'ériger en *Dom Quichotte de la médecine*. J'honore & je reſpecte, en général, toute la faculté, autant que je la crains dans le particulier.

Revenons au docteur Meſmer & à ſa doctrine.

Je ne regarde pas abſolument comme une nouvelle découverte l'exiſtence du magnétiſme animal, & ſon agent univerſel. L'un & l'autre ont exiſté de tout temps, & ce n'eſt que la maniere d'en faire uſage qui, à mon avis, en eſt une, due toute entiere au docteur Meſmer. Le magnétiſme animal a été ſoupçonné de l'antiquité, & ſon agent univerſel bien connu de pluſieurs philoſophes qui en ont parlé : c'eſt l'ame du monde, l'eſprit univerſel, la pierre de Butler, Larchée de Vannhelmont; enfin, la nature elle-même, conſidérée ſous différens aſpects; mais il étoit réſervé au docteur Meſmer d'en faire l'utile application à notre profit, & par une eſpèce d'enchantement de s'en rendre le maître. C'eſt un ſecond Promethée qui a dérobé le feu du ciel, pour guérir nos infirmités : on voudroit le foudroyer; mais heureuſement le grand Jupiter eſt ſans pouvoir, & n'a plus de foudre.

On ſe contente d'aboyer de loin après lui, tandis que le gros des gens ſenſés eſt pour lui.

Ce n'eſt pas, à mon avis, le regne animal ſeul qui eſt doué d'un magnétiſme; je crois que les deux autres en ſont doués également, propre à leur nature, & que l'agent eſt le même dans les trois regnes : auſſi eſt-il bien nommé univerſel. S'il falloit vous en donner des preuves, je penſe qu'il me ſeroit facile de vous les donner; mais comme cela me meneroit trop loin, vous me permettrez de m'en diſpenſer. Comment ce magnétiſme & cet agent univerſel peuvent-ils agir ſur les corps avec leſquels ils ont du rapport? C'eſt ce qui ſeroit encore trop long à expliquer. Il ſuffit que cela eſt. Tout ce que je puis vous dire, c'eſt une influence céleſte qui pénetre tous les corps, & qui, en les pénétrant, s'identifie avec eux, les fortifie, &, en les fortifiant, les répare, &c. *Novitque Deus cur iſta ſic fiant, qui ſua creata dotavit pro ſuo libitu.* Vannhelmont.

« *Principium actionis magneticæ animalis eſt* » *facultas influentiis affinis agens per irradia-* » *tionem in objectum ſibi appropriatum.* » Ces paroles mériteroient d'être gravées en lettres d'or; elles ſont de Vannhelmont, & expliquent en deux mots ce que c'eſt que le magnétiſme animal, & de quelle maniere il agit.

Voici une autre citation qui cadre très-bien avec la précédente.... *In naturâ univerſale quoddam ens conſervativum eſt, undè omnium corporum ſpiritus, vis & vita .... Hoc ens arte acquiri poteſt.* Beker, ſupplem. in phyſic. ſubteraneam, cap. V, p. 610. Peut-on mieux expliquer le magnétiſme animal, & l'agent univerſel? Il eſt vrai qu'on pourroit ajouter: *Qui poteſt capere, capiat,* & Meſmer, *eſt ille qui cepit.* Enfin, quoi qu'il en ſoit, que ce ſoit par ſympathie ou par un pouvoir oculte renfermé dans l'émanation continuelle d'un corps, qui s'inſinue dans un autre, avec lequel il a une certaine harmonie & un rapport de nature, ou par le le pouvoir d'un agent univerſel qui circule continuellement dans l'univers d'un pôle à l'autre pôle, cela m'eſt égal; il me ſuffit que ce pouvoir exiſte, & que je n'en puiſſe douter, par les effets qui en réſultent à mes yeux.

Le pilote, pour gouverner ſon vaiſſeau, & le diriger où il veut, n'a pas beſoin de ſavoir par quelle vertu oculte l'aiguille de ſa bouſſole tourne conſtamment du côté du nord; cette connoiſſance lui ſuffit; il part delà & s'en ſert utilement pour nous apporter au péril de ſa vie, le ſucre & le café, qui, ſans cette petite aiguille, nous ſeroient encore inconnues, ainſi que les peuples chez qui croiſſent ces aiguillons de notre gourmandiſe. En un mot, nier qu'il y ait des vertus ocultes dont nous ne pouvons rendre raiſon, autant vaudroit nier qu'il fait jour en plein midi.

J'ai vingt expériences des vertus de la poudre de ſympathie, pour arrêter le ſang à des diſtances fort éloignées, qui ne laiſſent aucun doute à ce ſujet. Je veux vous en rapporter deux exemples entr'autres, qui me ſont arrivés à moi-même.

En 1747 le pere Giraud, religieux Minime, demeurant à B..., où étoit ſon couvent, diſtant de chez moi d'une portée de fuſil à balle, avoit ſaigné du nez toute la nuit précédente avec tant d'abondance, qu'il n'avoit pu dormir, & ſe trouvoit très-affoibli, ſon ſaignement continuant toujours. Dès que le jour parut, il m'envoya le frere du couvent, pour me prier de lui envoyer de ma poudre de ſympathie dont il avoit déjà vu des expériences. Je dis au frere de retourner au couvent, & de m'apporter du ſang du pere Giraud ſur un linge, ce qu'il fit. Ayant, à ſon retour, mis de ma poudre ſur le ſang, & plié le linge en pluſieurs doubles, je lui dis de retourner, & que le ſang ſeroit arrêté à ſon retour. En effet, il trouva le ſang arrêté. Preſque tous les moines du couvent qui étoient accourus dans la chambre du pere Giraud, furent témoins de cette expérience.

L'année paſſée j'étois à ma fenêtre, lorſqu'il paſſa, dans la rue, deux hommes qui en ſoutenoient un troiſieme par-deſſous les bras, & qui vinrent le faire aſſeoir en face de ma fenêtre, ſur un banc de pierre qui étoit à côté d'une porte cochere.

Je demandai ce qu'avoit cet homme, & l'on me répondit qu'il ſaignoit du nez depuis deux heures, ſans pouvoir l'arrêter. Je leur dis alors de m'apporter de ſon ſang ſur ſon mouchoir, ce qu'ils firent auſſi-tôt. Je n'y eus pas plutôt mis de la poudre de ſympathie deſſus, que le ſang s'arrêta ſur-le-champ. Je fis porter au malade un verre d'eau fraîche pour laver ſon nez & ſon viſage, qui étoient pleins de ſang, & il partit après m'avoir beaucoup remercié.

Voici encore un autre effet de la ſympathie & des vertus ocultes dont il eſt impoſſible de rendre raiſon.

M. Dionis, docteur régent de la faculté de médecine, a rendu publique, dans une lettre imprimée & approuvée par la faculté en 1746, une poudre qui, étant mise avec l'urine d'un malade, dans un matras bien bouché, sur un bain de sable, à bouillir pendant une heure, fait suer ce même malade autant de temps que le médecin juge à propos. Il cite même, dans cette lettre, un officier impotent de tous ses membres, qu'il a parfaitement guéri par ce seul remede. Est-ce le magnétisme animal qui a agi dans ces différentes guérisons? est-ce la sympathie? Qu'entend-t-on par sympathie? Je vous défie, vous & tous les savans, de m'expliquer d'une maniere satisfaisante le méchanisme & la cause de ces effets qui étonnent la raison. Toujours est-il que quelque nom & quelqu'explication que vous vouliez donner à ces effets, vous serez toujours forcé de reconnoître une vertu oculte qui vous est inconnue.

Nous avons beau raisonner sur les causes, notre esprit n'est point fait pour les connoître, & tous les jours nous prenons les effets pour les causes. Contentons-nous de faire servir ces effets à notre utilité, sans vouloir pénétrer dans un abîme d'où nous ne pourrions sortir. Nous sommes des enfans qui à peine savent lire, & qui veulent expliquer des regles d'algèbre. Avouons de bonne-foi notre ignorance, en ne cessant de nous écrier: *O quàm mirabilia sunt opera tua, Domine!* L'inoculation de la petite vérole qu'on pratique ſi univerſellement aujourd'hui, fournit, ſelon moi, une preuve bien viſible du magnétiſme animal.

Par quelle vertu oculte cette petite partie de pus variolique inſinuée dans la chair d'un homme en ſanté, excite-t-elle dans toute la maſſe du ſang un changement ſi extraordinaire, & occaſionne-t-elle enfin la ſortie d'un millier de puſtules pareilles & de même qualité que celle qui en a été la cauſe?

N'eſt-on pas forcé de reconnoître dans cette particule originaire, un eſprit animal infecté du levain de la petite vérole, qui, en ſe communiquant à l'eſprit animal du ſujet auquel on l'applique, lui communique auſſi le levain dont il eſt rempli?

Pour concevoir cette communication, n'eſt-on pas forcé de reconnoître une vertu attractive dans le ſang du ſujet inoculé, qui pompe & attire l'eſprit animal contenu dans la particule variolique, avec laquelle il a un rapport de nature? & n'eſt-ce pas là préciſément ce que nous entendons par le nom de magnétiſme animal? La galle & tant d'autres maladies qui ſe communiquent par le ſeul attouchement, la reſpiration, &c. ne ſont-elles pas encore des effets du magnétiſme animal?

N'eſt-il pas naturel de penſer que de même qu'un magnétiſme animal infecté d'un mauvais principe, peut porter, dans le corps où il eſt attiré, ce mauvais principe, & l'y multiplier de proche en proche, de même aussi un magnétisme pur & sain pénétré de l'esprit vivifiant de la nature, chassera du corps où l'on aura l'art de l'introduire, les maladies dont il étoit infecté?

Que fait le docteur Mesmer? A proprement parler, il inocule, dans les pores du malade, cet esprit vivifiant & pur de la nature par l'entremise du magnétisme animal. Par cette introduction, il excite, dans le corps des malades, une crise favorable, qui, en donnant des forces à la nature, la met en état de se débarrasser de ce qui l'incommode.

*Verò est spiritus impalpabilis & invisibilis qui per seipsum omnes morbos pati potest patiente, spiritu; etiam corpus patitur; sanguinem novitur allatum, in spiritu alterat; medicum reddit, ejusque potestatem excitat; indè illa virtus quædam medica & magnetica, quæ redit ad suum totum, curatura germanum spiritum sanguinis per totum hominem, &c.* Vannhelmont.

Combien M. de Marconay, médecin de la faculté, n'a-t-il pas guéri différentes maladies avec son sel sympathique! combien a-t-il guéri de coups d'épées au travers du corps avec ce même sel sympathique, en 24 heures, sans beaume, sans emplâtre & sans onguent! L'expérience qu'il a faite de ce sel à Mets, en présence de M. l'évêque & de M. de Saint-Contest, pour lors intendans de la province,

& qu'ils ont atteſtées, eſt des plus ſurprenantes. Comme elle revient parfaitement à mon ſujet, je vais vous la raconter; elle vous fera plaiſir.

On fit aſſembler, dans la ſalle du palais épiſcopal, toutes les perſonnes capables d'en juger. Meſſieurs de la faculté de médecine, qui croyoient la choſe impoſſible, y étant aſſemblés, le ſieur de Marconay fit apporter du vin dans un verre, dans lequel il mit une certaine doſe de ſon ſel ſympathique; enſuite il demanda un ſujet qui fût en état de recevoir dix coups d'épées au travers du corps. Vous jugez bien, Monſieur, que la preſſe ne fut pas grande : auſſi ne ſe préſenta-t-il perſonne; mais au défaut d'hommes de bonne volonté, on lui préſenta un coq, qu'on prit dans une cour voiſine.

Il commença par lui couper un aîle, qui tomba à terre; il lui perça enſuite les deux cuiſſes de part en part, en deux endroits différens, avec la même épée, qu'il lui paſſa encore au travers du ventre inférieur & de la capacité de la poitrine; en ſorte que cet animal parut comme mort : mais ayant pris le verre de vin où il avoit mis la doſe néceſſaire de ſon ſel ſympathique, il en fit avaler trois cuillerées à ce coq. L'ayant enſuite enveloppé dans une ſerviette pendant quelque temps, cet animal ſe leva une heure après, & le lendemain il étoit parfaitement guéri de toutes ſes bleſſures. Voilà un fait avéré, & paſſé devant des gens reſpectables, devant une faculté de médecine qui n'en vouloit rien croire, qui a été publié dans les journaux & gazettes de ce temps-là. Autant vaudroit-il nier qu'il fait jour en plein midi, que de nier un fait aussi authentiquement prouvé.

M. de Marconay répéta encore la même expérience en présence du prince de Guise, du comte de Baviere, & du prince de Lambesc, qui ne pouvoient la croire, & qui réussit de même.

Le sieur de Sintillac, capitaine dans le régiment de M. le prince de Lambesc, qui avoit reçu cinq coups d'épée, un entr'autre au travers de la capacité de la poitrine, fut parfaitement guéri par le moyen de ce sel sympathique, & en état de monter à cheval deux jours après.

Enfin, le 7 Avril 1729, il fit encore des guérisons semblables, en présence de M. le premier président, de M. Joly de Fleury, procureur-général, de M. Talon, avocat-général, de M. Lambert, prévôt des Marchands, & de M. Héraut, lieutenant-général de police.

On ne s'avisa pas alors de traiter tant de témoins respectables de visionnaires.

Après tous ces témoignages, je vais vous rapporter non pas ce que j'ai oui dire, non pas ce que j'ai lu, mais ce que j'ai vu de mes propres yeux.

En 1731, Mademoiselle de Moncrif, fille d'un commissaire au Châtelet, qui demeuroit dans la rue des Gravilliers, étoit attaquée des fiévres depuis plusieurs mois, sans avoir pu en être guérie par les remedes ordinaires. Elle en fut débarraſſée dans le même jour par la vertu du ſel ſympathique du ſieur de Marconay. Voici comment la choſe ſe paſſa en ma préſence.

Le ſieur de Marconay fit tirer à cette Demoiſelle environ trois onces de ſang dans un verre; il y mit enſuite une certaine doſe de ſon ſel ſympathique, en remuant avec le manche d'une cuillere. La Demoiſelle étoit dans ſon lit, à dix pas de lui. De temps en temps il lui demandoit comment elle ſe trouvoit, juſqu'à ce qu'enfin elle lui dît qu'elle avoit mal au cœur, & qu'elle ſe ſentoit toute en ſueur. Pour lors il ordonna qu'on lui fît boire un demi-verre de vin avec du ſucre, & qu'on la couvrît bien. Depuis cet inſtant elle ne diſcontinua pas de ſuer juſqu'au ſoir, que la fievre la quitta pour ne plus revenir.

Comme je ne croyois pas moi-même à l'effet du remede, je revins aſſiduement, pendant pluſieurs jours, pour être convaincu de la parfaite guériſon; & je puis dire que je fus comme Vannhelmont, lorſqu'il vit l'effet de la pierre de Butler, & qu'il dit : *Stupui quaſi alter mydas factus*. Cette guériſon fut cauſe que je fis connoiſſance avec M. de Marconay, âgé alors de plus de quatre-vingts ans, & jouiſſant de la plus parfaite ſanté. Je devins en quelque façon ſon diſciple, dans l'intervalle de près de deux ans que je reſtai à Paris. Dans le peu de temps qu'a duré notre liaiſon, voici ce que j'ai appris de lui, & qui m'a toujours reſté gravé dans la mémoire.

« Le cœur, me diſoit-il, eſt le centre de l'ani-
» mal, où réſide le principe de vie, d'où dépend
» la vertu de guérir. Mon ſel ſympathique étant
» porté par un véhicule convenable dans l'eſto-
» mac, & de l'eſtomac au cœur, auſſi-tôt que le
» feu ignée qui y eſt a été ſecouru & fortifié, il
» renvoie aux parties affligées & diviſées, cette
» vertu pour les rétablir, au moyen de quoi la
» nature répare très-promptement l'harmonie du
» corps, qui y avoit été interrompue, laquelle
» harmonie conſiſte dans l'équilibre des hu-
» meurs, &c. »

N'eſt-ce pas là la doctrine du docteur Meſmer? & n'eſt-il pas viſible que le docteur Meſmer fait avec ſon magnétiſme animal, ce que faiſoit le médecin Marconay avec ſon ſel ſympathique? Avec cette différence que, pour arriver au même but, le médecin Marconay prenoit la route de l'eſtomac; & le docteur Meſmer abrege le chemin, en allant droit au cœur par le chemin le plus court, qui eſt celui des pores.

Malgré toutes ces guériſons prouvées de la maniere la plus authentique, le ſieur de Marconay éprouva, ainſi que le docteur Meſmer, toutes les contradictions poſſibles. Il préſenta un mémoire au roi & aux ſeigneurs de ſon Conſeil, par lequel après avoir rapporté des certificats de toutes ſes guérifons, fignés des gens les plus dignes de foi, il fupplioit Sa Majefté d'ordonner au fieur Morand, ou tel autre qu'il jugeroit à propos, de fournir audit fieur de Marconay des fujets pour continuer les expériences de fes remedes, même des fujets attaqués de maladies fecrettes au dernier degré, & offrit de les traiter fous les yeux de ceux qu'il voudroit bien commettre pour obferver fes opérations, offrant de donner enfuite fes remedes au roi, après les épreuves faites.

Il obtint en conféquence de Sa Majefté les ordres néceffaires. M. Morand fut commis avec d'autres chirurgiens : mais, fous différens prétextes, on ne lui fournit aucuns fujets, & M. de Marconay mourut fans avoir donné fon fecret au roi. Tous ces faits font à ma connoiffance.

Je veux encore vous donner une autre preuve de l'exiftence du magnétifme animal, tirée de la propre bouche d'un célebre médecin, afin de combler la mefure.

M. Chambon, premier médecin de Jean Sobieski, roi de Pologne, eft celui dont je veux parler. Voici fes propres paroles : « Le fang des animaux, » dit-il, contient un *efprit magnétique*, qui fe » communique à tous les autres corps, agiffant » entr'eux fuivant le plus ou le moins de force » qu'ils ont les uns par-deffus les autres. »

Il ne reconnoît que trois principes dans la nature des chofes, qui font, felon lui, le fel, le ſouffre & le mercure, & que toutes les maladies ne viennent que de ce que ces trois principes ne ſont point proportionnés; qu'il n'y a par conſéquent que trois ſortes de maladies, qu'il réduit à ces trois principes.

Un de ces trois principes prédominant ſur l'autre, l'abſorbe, le met en déroute, lui fait quitter priſe dans le corps qu'il occupe, & pour lors il faut que ce qui a vie périſſe. Qui ſait, ajoute cet auteur, trouver ce défaut, & qui ſait y apporter ce qui manque, ſait remettre les corps, guérir les maladies, & eſt un véritable médecin & un vrai philoſophe.

Quand le premier médecin d'un roi parle ainſi, on ne doit pas être ſurpris que le docteur Meſmer, autre médecin d'une faculté qui tient un rang dans le monde, parle de même, & que, ſimplifiant la doctrine du médecin polonois, il réduiſe toutes les maladies à une ſeule cauſe, puiſqu'en effet, toutes les maladies, en général, n'ayant pour cauſe que le dérangement de l'équilibre, les effets de ce dérangement ne ſont que des modifications de cette même cauſe, & qu'en remettant l'équilibre, vous ferez diſparoître toutes ces modifications que vous diſtinguez entr'elles par les différens noms attachés aux différentes maladies.

N'importe quelle cauſe les a produites. Donnez des forces à la nature par le ſecours du magnétiſme animal, aidé du fluide vital de la nature, qui eſt cet agent univerſel, elle ſaura mieux que vous ce qu'il faudra faire pour chaſſer hors du corps ce qui l'incommode, ſans le ſecours de vos drogues qui n'agiſſent jamais elles-mêmes que par l'entremiſe de cette même nature, & à proportion de ce qu'elles contiennent de cet agent univerſel, que la nature eſt en état d'en faire le développement pour ſe l'approprier.

Tout le ſecret conſiſte donc à ſavoir ſe rendre maître de cet agent univerſel, & à le faire agir, comme il convient, ſur le magnétiſme animal; & c'eſt-là préciſément en quoi conſiſte le ſecret du docteur Meſmer.

Il y a toute apparence, & j'ai même de fortes raiſons de n'en pas douter, que le docteur Meſmer ſait où prendre cet agent, & qu'il a une méthode particuliere pour s'en rendre le maître, & le faire agir ſur le magnétiſme animal à ſa volonté; qu'il connoît une matiere qui en eſt plus abondamment fournie qu'une autre, d'où il a l'art de le faire découler & de l'identifier dans le corps des malades par l'entremiſe de ſon propre corps, qui, dans cette occaſion, lui ſert de conducteur, comme dans l'électricité; la vie des animaux étant une véritable électricité, bien différente néanmoins de l'artificielle que nous excitons avec nos cylindres ou nos plateaux de verre; car, quoiqu'à bien dire, ce ſoit le même agent, il y exiſte d'une maniere bien différente.

Dans l'animal, cet agent eſt doux, paiſible & naturel, & toujours proportionné aux organes de l'animal. Dans l'artificielle, il n'y a plus de proportion ; c'eſt un mouvement violent qui force cet agent de ſortir des corps qui le renferment, avec une impétuoſité capable de tout renverſer; à l'occaſion de quoi je dirai que, ſi l'électricité artificielle fait quelquefois des effets ſurprenants ſur le corps humain, c'eſt accidentellement, & dans des occaſions où il eſt néceſſaire de faire violence à la nature, en occaſionnant de violentes ſecouſſes aux organes endormis & obſtrués de l'animal; encore eſt-ce avec la plus grande précaution qu'il faut procurer les ſecouſſes ; ce que n'ignorent pas meſſieurs les électriſateurs.

Voilà, monſieur, ma façon de penſer ſur le magnétiſme animal, l'agent univerſel & l'électricité naturelle & artificielle. Je ſoumets mon opinion à la vôtre & à celle de tous les ſavans en ce genre, étant toujours prêt à me ranger de l'avis des autres, plutôt que de diſputer : c'eſt le moyen d'être l'ami de tout le monde ; & cette qualité flatte plus mon amour propre, que la ſotte vanité d'aſſujettir les autres à mon opinion.

Vous ſerez ſans doute ſurpris que je me donne les airs de raiſonner ſur une matiere auſſi ſublime, moi qui ne ſuis ni médecin, ni phyſicien, ni philoſophe, enfin rien du tout dans le monde ſavant.

Je ne ſuis rien effectivement dans le monde

ſavant ; mais cela n'empêche pas que je n'aie une teinture des choſes & du bon ſens. Avec cela on peut, je crois, raiſonner de tout, ſur-tout lorſque l'on n'a aucune prétention : autant en emporte le vent.

Ce qui m'en plaît, c'eſt qu'au moins vous ne ſoupçonnerez point les éloges que je donne au docteur Meſmer, d'aucune partialité, ni d'aucune vue d'intérêt. Je n'ai point eu beſoin de lui, je n'en ai pas beſoin actuellement, peut-être n'en aurai-je jamais beſoin : je ne ſuis point d'un état à faire un uſage intéreſſé de ſon ſecret, quand bien même, à titre d'éleve, il m'en feroit part, ou qu'après l'avoir ſoupçonné, je viendrois à le découvrir.

Il eſt temps de finir ma lettre que vous trouverez peut-être trop longue. Je crois avoir répondu à toutes vos queſtions : au ſurplus, la lettre de M. de Gebelin vous en dira davantage. Dès que celle du pere Hervier paroîtra, je me ferai un plaiſir de vous l'envoyer, ainſi que ce qui paroîtra de nouveau à ce ſujet.

Je vous invite très-fort à lire trois journaux de Paris ; ſavoir, celui du Vendredi 31 Octobre, où vous verrez une lettre du docteur Meſmer, au ſujet de M. le bailli Deſbarres, commandeur de l'ordre de Malthe, & M. Amic, médecin du roi, au département de la marine, qu'il a inſtruits de ſa doctrine.

Le ſecond, du Vendredi 21 Novembre, qui

contient une lettre d'un anonyme, datée de Lyon, adressée au docteur Mesmer, dans laquelle, tout en faisant semblant de le caresser, il fait tout ce qu'il peut pour l'égratigner ; mais heureusement ses griffes ne sont point assez aigues.

Enfin le troisieme, du Samedi 13 Décembre 1783, qui contient une lettre du docteur Mesmer, en réponse à l'anonyme de Lyon, qui vous fera certainement plaisir, par la maniere sublime dont elle est écrite. Il ne se contente pas de river les ongles à l'anonyme; il les lui arrache.

Vous trouverez ci-après plusieurs citations nouvelles que j'ai jugé à propos de joindre à cette lettre, ainsi que les endroits où j'ai puisé celles dont j'ai fait mention, afin de ne vous rien laisser à desirer.

J'ai l'honneur d'être, avec le plus sincere attachement, Monsieur,

Votre très-humble & très-obéissant serviteur L. B. D. B.

*A Paris, ce 10 Janvier 1784.*

## *CITATIONS.*

Nouvelle découverte en médecine, ou ancienne médecine développée par le sieur de Marconay, docteur médecin, 1731.

Traité des maladies occaſionnées par les variations de l'air, par M. Raulin, docteur en médecine, imprimé à Paris en 1752, chez Huart & Moreau, libraires, rue S. Jacques, avec l'approbation de toute la faculté de médecine de Paris. Voyez page 346, chap. 17, l'hiſtoire de la poudre ſympatique qui fait ſuer, rapportée dans une lettre rendue publique par M. Dionis.

Liſez le livre de Sébaſtien Wirdig, intitulé, *nova medicina ſpirituum*. Curioſa ſcientia & doctrina unanimiter huc uſquè neglecta, & a nemine meritò exculta, medicis tamen & phyſicis utiliſſima, in quâ 1. ſpirituum naturalis conſtitutio, vita, ſanitas, temperamenta, ingenia, callidum innatum phantaſiæ, vires, ideæ, aſtrorum influentiæ, μετεμψύχωσις, rerum magnetiſmi, ſympathiæ & antipathiæ, qualitates hactenùs occultæ, ſenſibus tamen manifeſtæ, aliaque cæteroquin paradoxa dehinc ſpirituum præter naturalis, ſeu morboſa diſpoſitio cauſæ, curationes per naturam, per dietam, per arcana majora, palingeneſiam, MAGNETISMUM, amuleta ingenuè ac dilucidè demonſtrantur.

Hamburgi, apud Godofredum Sculzen, 1673.

*Extrait de Jean-Baptiſte Vannhelmont, pages 406 & 468.*

...... Contraxi itaque cum Butlero amititiam; vidi dein ſtatìm vetulam lotricem ab annis ſedecim aut

aut circiter intolerabili hemicraniâ laborantem, ſtatìm etiam curatam, me præſente : nimirùm eumdem lapillum obiter intinxit cocleari olei olivarum, atque lapillum ſtatìm abſterſit lambendo, atque in thecam thoracis repoſuit; iſtud autem cocleare olei infudit in lagenulam olei, cujus unicam guttam juſſit inungi capiti præfatæ anus; quæ indè confeſtìm ſanata eſt, ac ſana remanſit in annos aliquot; QUOD ATTESTOR. Stupui, quaſi alter Midas factus.

At ille me obridens dixit : cariſſime, niſi eo devenias, quod unico remedio queas curare quemlibet morbum, manebis in tyrocinio, utcumque ſenex evaſeris.

---

## LETTRE II,

*A M. P. L. G. D. L. S. à Marſeille.*

A Paris, ce 15 Mars 1784.

MONSIEUR,

Je vous ai promis de vous faire part de ce qui ſe paſſeroit de nouveau au ſujet du docteur Meſmer; & c'eſt pour m'acquitter de ma parole, que j'ai l'honneur de vous écrire celle-ci.

Il s'en faut bien que notre docteur ſoit encore quitte des tracaſſeries que l'envie & la jalouſie lui ont ſuſcitées juſqu'à préſent ſous différens prétextes.

D'abord on a commencé par nier affirmativement la poſſibilité de ſes guériſons ; on les a traitées de chimériques & de charlatanerie. On a pouſſé le pyrroniſme juſqu'à ſoutenir aux malades même qui ſe diſoient guéris, qu'ils n'étoient malades que d'imagination ; & d'après ce préjugé qu'on a tâché d'établir dans le public, il n'y a ſortes de tracaſſeries qu'on n'ait fait eſſuyer à cet homme honnête, qui heureuſement a bravé tous ſes ennemis, en continuant de faire le bien de l'humanité, & continuant de plus en plus d'acquérir l'eſtime publique.

A préſent que la vérité a percé de la maniere la plus victorieuſe, & qu'il n'eſt plus poſſible de nier ſes guériſons & l'exiſtence du magnétiſme animal, enfin qu'on ne ſait plus que dire, vous ne devineriez pas comment on s'y eſt pris. On convient des guériſons que le docteur Meſmer opere tous les jours ; on ne diſpute plus l'exiſtence du magnétiſme animal. On lui donne les plus grands éloges, pour pouvoir lui nuire avec plus de ſuccès, en même-temps qu'on repréſente ſon traitement comme très-dangereux dans certaines mains, ſur-tout pour l'honneur du ſexe.

Si le coup qu'on veut lui porter, probablement comme le dernier, réuſſiſſoit, il n'y a pas de doute que ce ſeroit le plus à craindre. Les maris craignant pour leur honneur, les femmes pour le leur, les filles pour elles-mêmes, auroient en horreur le traitement du docteur Mesmer & de ses éleves; & dès-lors la plus belle partie de la société, celle qui, par la délicatesse de son tempérament, a justement le plus besoin des secours du docteur Mesmer, s'en trouveroit privée.

Le docteur Mesmer lui-même, & ses éleves, seroient regardés comme des gens dangereux dans la société; & comme tels, leur traitement devroit être prohibé, loin d'être permis.

Pouvoit-on imaginer une vengeance plus rafinée? Et quand il seroit possible qu'il y eût effectivement quelque danger dans certaines mains, ce que je suis bien éloigné d'admettre, seroit-ce une raison d'empêcher un grand bien, dans la crainte d'un petit mal incertain?

Les pistolets & les épées qui nous servent de défenses contre les scélérats qui veulent attenter à notre vie, servent aussi, entre les mains des coquins, à tuer & à massacrer souvent de très-honnêtes gens; est-ce une raison pour cela de les défendre?

Les épiciers, les apothicaires vendent journellement du mercure, qui est un minéral très-utile à bien des égards.

A la gabelle on vend du sel au premier venu, dont l'usage est tellement utile, que personne ne peut s'en passer.

Et parce que du mélange de ces deux matieres on peut faire le plus subtil poison, dont des coquins peuvent abuser, est ce une raison de défendre le débit du mercure & du sel? Tout ce que le gouvernement peut faire en pareil cas, c'est de punir ceux qui en abusent; mais l'on n'empêchera pas un bien réel dans la crainte d'un mal qui n'existe pas, & qui peut fort bien ne pas arriver.

Mais dans le cas dont il s'agit, heureusement rien de tout cela n'est à craindre : le danger dont on tâche d'inspirer la crainte au public, est chimérique & uniquement imaginé pour décrier le docteur Mesmer & ses éleves, & discréditer leur traitement, dont le motif n'est autre qu'une jalousie de métier. C'est un marchand du même commerce qui envoie des émissaires de tous côtés pour décrier la marchandise de son confrere, & attirer à lui ses pratiques, *faber fabro invidet, & figulus figulo*; & ce qu'il est très-à-propos de remarquer, c'est que tous ceux qui ont écrit contre le docteur Mesmer, & qui se sont nommés, lui ont tous des obligations, & que malgré les prétextes dont ils colorent leurs motifs, on y apperçoit toujours ou l'intérêt personnel, ou un esprit de vengeance, de haine, ou de jalousie.

On prétend, au sujet de M. Deslon, que, si M. Mesmer ne lui avoit rien appris, s'il ne devoit la méthode dont il a fait usage qu'à lui même, & à la force de son imagination, comme il l'a dit dans ſa lettre du 28 décembre 1783, inſérée dans le journal de Paris du ſamedi 10 janvier 1784, n°. 10, il ne devoit pas ſe reconcilier avec lui, & aller encore paſſer deux mois chez lui.

Pourquoi ſe demande-t on : a-t-il ſigné un dédit de cinquante mille écus? On prétend qu'il l'a ſigné par complaiſance. Si cela eſt, n'eſt-ce pas une choſe riſible que d'entendre dire à un homme de bon ſens qu'il a ſigné un dédit de cinquante mille écus par complaiſance?

Ne devoit il pas, au contraire, répondre à M. Meſmer, lorſqu'il lui préſenta cet écrit à ſigner: « Vous vous moquez de moi, monſieur? A quel » propos irois-je ſigner un dédit de cinquante mille » écus, & vous reconnoître propriétaire d'une doc» trine à laquelle je n'ai aucune part? Je n'ai pas » beſoin de vous; vous ne m'avez rien appris. Je » ne dois ce que je ſais qu'à mon étude & à la force » de mon imagination. Je vous trouve bien ſin» gulier de me faire une pareille propoſition. Si » vous avez une doctrine, j'ai auſſi la mienne, & » une méthode qui m'eſt particuliere, & qui eſt » auſſi bonne que la vôtre, puiſque je guéris des » maladies tout comme vous, &c. &c. »

Mais la preuve évidente, dit-on, qu'il tenoit ce qu'il ſavoit du docteur Meſmer, & qu'il avoit encore beſoin de lui, c'eſt le dédit de cinquante mille écus qu'il a ſigné, dans lequel il a reconnu formellement que la propriété du magnétiſme animal appartenoit au docteur Mefmer. On répond encore : mais on ne figne pas un dédit de cinquante mille écus par complaifance, & on ne reconnoît pas devoir une fomme qui peut nous porter préjudice, par complaifance.

Et parce que M. Mefmer a déclaré qu'il n'a point appris fa doctrine & fa méthode à M. Deflon, celui-ci a cru devoir dire : *donc, de fon propre aveu, ne m'ayant rien appris, l'écrit que j'ai figné devient nul.*

Mais on prétend qu'il faut s'entendre. Il eft très-poffible que M. Mefmer n'ait point appris à M. Deflon fa doctrine & fes principes en entier. Un maître n'apprend pas tout d'un coup à fon éleve toute fa fcience ; cela vient peu-à-peu, & au bout de quelques années d'études.

Au moyen de quoi le docteur Mefmer peut fort bien avoir fait agir M. Deflon aveuglément, en attendant qu'il le reconnût digne de fon entiere confiance.

Pendant le cours de fes traitemens, M. Deflon a pu remarquer, combiner, réfléchir & deviner une partie de ce que M. Mefmer fe réfervoit de lui développer peu-à-peu. On veut même que fon imagination, fon étude & fa pénétration lui aient beaucoup fervi, mais qu'il n'en a pas moins l'obligation au docteur Mefmer, & que toute la fagacité de fon efprit ne le délie pas pour cela des engagemens qu'il a pu contracter avec lui par fon écrit.

Après M. Deflon, il a paru fur la fcène M. de Monjoye, d'abord comme anonyme, enfuite fous fon propre nom.

Celui-ci, pour porter au docteur Mefmer des coups plus difficiles à parer, a d'abord débuté par faire fon éloge, & rapporter des faits qui ne pouvoient faire qu'honneur à fa fcience, avouant qu'il l'avoit guéri lui-même d'une maladie confidérable, &c.

Mais paffant bientôt à fon but, il a cherché à infpirer la défiance au public fur les dangers du traitement du docteur Mefmer, par rapport au beau fexe. Pouvoit-il mieux s'y prendre pour difcréditer fon traitement? Enfuite paffant à celui de M. Deflon, il lui donne la préférence. Selon lui, entre fes mains, il n'y a plus de danger.

En fait de doctrine, il préfere le docteur Mefmer; en fait de traitement, c'eft celui de M. Deflon qu'il eftime le plus. On prétend qu'il s'eft bien gardé de dire qu'il étoit l'ami intime de ce dernier : qu'on auroit auffi tôt reconnu le porte-voix de M. Deflon; & le public éclairé auroit bientôt diftingué le motif qui le faifoit agir.

Ainfi, fi on vouloit l'en croire, le docteur Mefmer n'auroit bientôt plus perfonne à traiter, & tout le monde le quitteroit pour courir à M. Deflon. L'un auroit tout l'honneur, & l'autre tout le profit.

On n'imaginoit pas le motif qui faifoit agir M. de Monjoye; & ce n'eft qu'après qu'il s'eft nommé & qu'il a répondu à la réponſe de M. Meſmer, que l'on a pu le connoître.

On a ſu alors qu'il étoit l'ami intime de M. Deſlon; qu'il a eu un démêlé avec le docteur Meſmer; qu'il a reçu de ſa part un congé formel pour ſortir de chez lui, M. Meſmer n'ayant pas fait aſſez de cas de ſon amitié pour la préférer, &c. &c.

Dès ce moment il a été facile de connoître que, pour rendre ſervice à ſon ami Deſlon, & en même temps ſatisfaire ſa petite vengeance, il n'a pas trouvé de meilleur moyen que celui de rendre ſuſpect le traitement de M. Meſmer, en l'annonçant comme très-dangereux pour l'honneur du ſexe.

Le bien public étoit, ſelon lui, le motif qui le faiſoit agir. Il eſt aiſé de voir ſi cette aſſertion eſt juſte.

Mais, lui répondra-t on, cela ſeroit à merveille, ſi vous n'aviez pas eu avec M. Meſmer l'altercation que vous avez eue lorſqu'il vous a donné votre congé, & ſi vous n'étiez pas l'ami intime de M. Deſlon.

On pourroit encore lui dire : ſi le ſeul amour du bien public étoit le ſeul motif qui vous animoit, pourquoi avez-vous tardé ſi long-temps à éclairer ce même public ſur les dangers qu'il couroit? Pourquoi avez-vous ſi long-temps laiſſé l'honneur du beau ſexe expoſé aux dangers du traitement de M. Meſmer? Tout citoyen qui eſt inſtruit des dangers que peut courir la ſociété où il vit, & ne l'en avertit pas, eſt coupable envers elle de tous les maux qui peuvent réſulter de ſon ſilence, & doit être puni en ſa propre perſonne, comme s'il en étoit l'auteur. Et quand il ſeroit vrai, Monſieur Monjoye, que vous ayiez payé les ſoins que M. Meſmer s'eſt donné pour vous procurer votre guériſon, eſt-on pour cela quitte, comme vous le dites, envers un médecin à qui l'on doit la vie? Et la reconnoiſſance d'un pareil bienfait peut-elle jamais s'acquitter avec de l'argent?

Depuis que ne pouvant ſe faire entendre des compagnies ſavantes auxquelles il s'eſt adreſſé, le docteur Meſmer s'eſt déterminé à prendre des éleves, & à leur enſeigner ſa doctrine & ſa méthode: tous les ennemis que l'envie, la jalouſie & l'intérêt perſonnel lui ont ſuſcités, ont été déſeſpérés & déconcertés; cela n'eſt pas étonnant, c'eſt le triomphe du docteur Meſmer. Sa doctrine & ſa méthode vont être immortaliſés, & l'humanité, en général, va être à portée d'en recueillir les avantages.

Que pouvoient faire les ennemis du docteur Meſmer dans une pareille circonſtance? Dénigrer ſa doctrine & ſa méthode, les repréſenter comme dangereuſes pour l'honneur des femmes, inſpirer de la méfiance contre ſes éleves, &c. &c. & c'eſt précisément ce qu'on a fait; c'eſt au moins ce qu'on m'a aſſuré.

Mais la providence, qui ſe joue des projets des hommes, en a ordonné autrement. Car, à ma connoiſſance, jamais le docteur Meſmer n'a eu une ſi grande affluence de gens diſtingués chez lui, que depuis ces lettres écrites contre lui.

Le public éclairé en a reconnu le motif, & d'ailleurs les malades guéris par ſon traitement, hommes, femmes & filles, tous n'ont eu qu'une voix pour lui rendre juſtice.

Il y a des gens qui prétendent que le docteur Meſmer ne guérit pas tous ſes malades ; ils en citent méme pluſieurs qui ſont morts entre ſes mains. C'eſt ce que je ne ſais pas : mais je veux que cela ſoit. Meſmer n'eſt pas un Dieu ; & n'eſt-il mort perſonne entre les mains des plus célebres & des plus habiles médecins? Le docteur Meſmer & ſes partiſans ont-ils jamais prétendu faire des miracles avec ſa méthode? Et Hypocrate n'a-t-il pas dit lui-même : *in ultimâ morbi nullum remedium.*

En vérité le docteur Meſmer ſeroit bien bon, & auroit bien du temps de reſte, s'il répondoit à tant de mauvais propos. Ce qu'il a dit, ſuffit pour tout ce qu'on a pu dire, & tout ce qu'on pourra dire encore par la ſuite. Qu'il laiſſe à l'eſtime publique le ſoin de répondre pour lui : il trouvera aſſez de défenſeurs. Tel qu'un gros dogue après lequel une troupe de roquets aboyent de loin, qu'il n'y faſſe pas attention, & qu'il continue toujours de faire le bien de l'humanité, en suivant son projet. C'est le conseil que la plupart des gens de sa connoissance, qui l'aiment & qui l'estiment, s'empressent de lui donner.

Je ne suis point du nombre de ceux qu'il a guéris, & que la reconnoissance peut engager à prendre sa défense ; je ne suis point du nombre de ses éleves : je me porte très-bien, & ne suis point dans le cas d'avoir recours à lui. Quand cela arrivera, je ferai comme les autres ; mais du moins, quant à présent, nul motif d'intérêt personnel ne m'engage à parler pour lui. L'amour seul de l'humanité & l'estime particuliere que j'ai conçue pour un homme si honnête, si rempli de mérite & si utile dans la société, sont les seuls motifs qui m'animent en sa faveur. Il me suffit d'ailleurs qu'il soit persécuté, pour que je m'intéresse à lui, & que je prenne sa défense, connoissant parfaitement combien on est injuste à son égard.

J'ai l'honneur d'être, MONSIEUR,

Votre très-humble & très-obéissant serviteur.

## *POST-SCRIPTUM.*

Comme j'allois clorre ma lettre pour vous l'envoyer, j'en reçois une imprimée, intitulée, *MESMER BLESSÉ*, en réponse à la lettre du

pere Hervier, ſur le magnétiſme animal.....
Comme cette inſcription m'effraye, par l'intérêt que je prends au docteur Meſmer, je m'arrête tout court pour faire la lecture de cette lettre, & voir ſi effectivement le pauvre Meſmer a reçu quelque coup, & ſi ſa bleſſure eſt dangereuſe.... Me voilà donc à lire. . . . . . . . . .
. . . . . . . . . J'ai lu, & dieu merci, je reſpire. Notre cher docteur n'a pas ſeulement reçu la plus petite égratignure. C'eſt encore un roquet qui aboye après lui.

Tout le contenu de cette lettre n'a pour motif, 1°. que de ſoutenir au pere Hervier qu'il n'a point été malade, & que par conſéquent il n'a point été guéri ; que M. de Gebelin ne l'a pas plus été que lui ; qu'ils n'ont eu l'un & l'autre d'autre but dans leurs lettres que d'induire le public en erreur : 2°. que, ſi le docteur Meſmer a fait effectivement une découverte telle qu'il l'annonce, auſſi utile à l'humanité, il auroit dû la communiquer gratuitement, loin d'en exiger une rétribution : 3° que ſes principes étant contraires à ceux univerſellement reçus, les académies & les ſavans ont très-bien fait de ne pas l'écouter, d'autant qu'il leur faut des certitudes & des démonſtrations, & non pas des ſyſtêmes, des ſi, des mais, &c. & pour appuyer ce raiſonnement, l'auteur cite un des principes du docteur Meſmer; lorſqu'il dit.... un fluide univerſellement répandu, & continué de maniere à ne ſouffrir aucun vuide, dont la ſubtilité ne permet aucune comparaiſon, & qui, de ſa nature, eſt ſuſceptible de recevoir, propager & communiquer toutes les impreſſions du mouvement, eſt le moyen de cette influence mutuelle qui exiſte entre les corps céleſtes, la terre & les corps animés, &c.

A quoi l'auteur répond.... de quelque nature que ſoit ce fluide, il répugne à votre plein, &c.

4°. Enfin l'auteur prétend que rien n'eſt plus contraire à la religion que ce que le pere Hervier *a oſé*, dit-il, avancer dans ſa lettre...... que les peres réjouis par leur quatrieme & cinquieme génération, ne tomberont qu'à l'extrêmité de la décrépitude; qu'il n'y aura plus rien dans les hôpitaux qui révolte l'humanité; plus de maladie qui effraye la nature, &c. Que vous oſiez, pourſuit-il, publier de pareils ſentimens, faire imprimer des aſſertions ſemblables, écrire de pareilles phraſes, rien de plus ſurprenant & de plus oppoſé à la religion & à ſes principes, qui nous enſeignent que Dieu nous envoye & nos biens & nos maux, ſoit pour nous punir, ſoit pour nous récompenſer, ſoit pour exercer notre patience ou manifeſter nos vertus. Mais non, ajoute ſavamment notre auteur, les choſes ne ſont plus ainſi. Si Job, David, Anthiocus avoient connu le magnétiſme animal, ce remede infaillible, ils auroient bravé les ordres de la Divinité, &c. &c. Dieu, dit-il encore, avoit trois moyens pour nous affliger, la guerre, la famine & la peſte qui renferme toutes les maladies épidémiques : mais félicitons-nous, on vient de lui enlever ce dernier, &c..... Dieu, dit-il, ne prévoyoit pas qu'un docteur allemand viendroit tout bouleverſer, changer l'ordre qu'il avoit établi, & qu'il avoit dit devoir exiſter juſqu'à la fin du monde; en un mot, continue-t-il toujours (avec un ton ironique qui lui ſied très-mal), diſons-le, Dieu s'eſt trompé; & bientôt le génie de l'homme, en poſſeſſion de ce génie magnétique, commandera peut-être à la nature, &c. &c.

C'eſt en vérité perdre ſon temps que de rapporter de pareilles platitudes, & l'employer encore plus mal-à-propos que d'y répondre.

Cependant, pour m'amuſer, je veux y répondre. Dieu merci, mon temps m'appartient; je n'en dois compte à perſonne, & la matiere me plaît.

D'abord notre auteur voudroit nous perſuader que le ſavant M. Court de Gebelin, cenſeul royal de diverſes académies, & préſident honoraire & perpétuel du muſée de Paris, auteur du monde primitif, & reconnu univerſellement pour un homme du plus grand mérite; & avec lui le pere Hervier, Auguſtin, docteur de Sorbonne, bibliothécaire des grands Auguſtins & très habile prédicateur, ſont deux viſionnaires qui n'ont pas été malades, & par conſéquent n'ont pu être guéris par le docteur Meſmer, & que ces deux viſionnaires n'ont eu d'autre intention, en publiant les lettres qu'ils ont écrites en sa faveur, que d'induire le public en erreur.

Une pareille assertion ne mérite aucune réponse; & tout homme de bon sens, en la lisant, doit hausser les épaules, & en être révolté. Passons donc à un autre article.

La seconde proposition de l'auteur n'est pas moins ridicule. Selon lui, le docteur Mesmer devoit publier gratuitement sa découverte, comme s'il n'étoit pas de la sagesse & de la prudence humaine, en voulant faire le bonheur des autres, de songer en même-temps au sien propre, & comme si charité bien ordonnée ne devoit pas commencer par soi-même.

Que pouvoit faire de mieux le docteur Mesmer, sinon d'annoncer son systême, d'offrir d'en donner des preuves par des guérisons faites à la vue de tout le monde, sur des malades choisis par messieurs les médecins eux-mêmes? N'étoit-ce pas-là offrir des certitudes & des démonstrations? Voyant qu'on ne vouloit pas l'écouter, qu'on le traitoit de charlatan, & ses malades, guéris par sa méthode, de visionnaires, qu'a-t-il fait? Il s'est déterminé à faire lui même des éleves à prix d'argent, afin de ne pas laisser périr sa découverte, & en même-temps s'assurer un sort que, dit-on, l'ingratitude & l'injustice des hommes lui refusoient.

Il a donc choisi cent personnes à cette intention, & exigé de chacun une rétribution de cent louis, qui lui procureront, en les plaçant au denier vingt, un revenu assuré de douze mille livres de rente.

Que peut-on trouver là d'extraordinaire? J'en fais juges tous les gens de bon sens & sans partialité. Est-ce trop de 12000 liv. de rente pour récompenser un homme qui a fait une découverte aussi importante?

La doctrine du docteur Mesmer n'est donc pas une chimere, puisqu'il trouve cent personnes qui veulent bien donner cent louis chacune pour en être instruits, & la transmettre à la postérité?

Des gens en état de donner cent louis, & qui les donnent librement, ne peuvent pas être soupçonnés d'être tous des visionnaires. Il faut bien qu'ils aient vu & qu'ils aient été convaincus.

Que ces éleves, par la suite, retirent du public une rétribution proportionnée au bien qu'ils pourront faire, cela me paroît juste, & ils ne feront en cela que se conformer à ce que font tous les jours messieurs les médecins sans qu'on y trouve à redire (1).

Quant à ce que les académies & les savans ont bien fait de ne pas écouter ni répondre à un systéme opposé à tous les principes reçus, je dis, moi,

(1) *Donationem a rege accipiet medicum.* Ecclesiast.

indigne

indigne, qu'il faut tout voir & tout entendre. Que risque-t-on? Quand bien même après l'examen, on seroit trompé, le motif est trop beau pour ne pas servir d'excuse.

Quand un homme qui n'est pas un fou, qui a un caractere dans une Faculté respectable à tous égards, dit hautement & publiquement : prenons, chacun de notre côté, un pareil nombre de malades de la même maladie; vous traiterez les vôtres suivant votre méthode; je traiterai les miens suivant la mienne, & nous verrons lesquels seront plutôt guéris des vôtres ou des miens.

Ne pas accepter un pareil défi, c'est, selon moi, un entêtement poussé à l'extrême, & se reconnoître vaincu.

L'auteur cite à cette occasion Goliath & Annibal. Goliath, dit-il avec emphase, étoit-il vainqueur, parce qu'il défioit le peuple juif?

Annibal vainquit-il le grand Fabius, parce que ce dernier ne voulut point tirer son épée contre lui?

Fut-il jamais comparaison plus déplacée? Peut-on comparer un défi, d'où doit résulter, s'il est accepté, la mort de l'un des combattans, & peut-être faire triompher une mauvaise cause aux dépens d'une nation entiere, avec le défi d'un savant médecin, d'où doit résulter ou la honte de l'agresseur, ou la certitude d'une découverte qui peut faire à jamais le bonheur de l'humanité, ſans qu'elle coure aucun riſque, puiſque le pis-aller pour elle ſera de reſter dans la poſition où elle eſt. On ne riſque rien d'accepter un pareil défi, & on riſque tout de le refuſer.

Si ce défi étoit fait de la part d'un homme de la lie du peuple, ſans nom & ſans étude, on feroit très-bien de lui rire au nez; mais le docteur d'une Faculté, qui s'énonce & s'exprime avec le langage d'un homme inſtruit, mérite d'être écouté, ſur-tout s'agiſſant d'une matiere auſſi importante. Plus la doctrine qu'il propoſe, paroît extraordinaire, & plus, ſelon moi, il mérite d'être écouté, & ſa doctrine d'être ſoumiſe à l'épreuve de l'expérience, ſur-tout quand ce même homme offre pour preuve les guériſons des malades qui lui ſeront donnés & choiſis de la main même de ſes adverſaires.

Qu'on diſe tout ce qu'on voudra, chacun a ſa façon de penſer & de voir les choſes; mais pour moi qui ſuis un individu de la ſociété, ſans prétention, & qui n'ai qu'un gros bon ſens, il me ſemble à moi que le refus d'accepter un pareil défi, ne fait pas honneur aux refuſans, & qu'il y a dans ce refus des motifs que je ne veux pas approfondir pour ne point bleſſer l'amour propre de perſonne; enfin de quoi s'agit-il? Meſmer guérit-il effectivement des malades par le magnétiſme animal, ou ne les guérit-il pas? Tout ſe réduit-là.

Mille malades ſont en état d'affirmer qu'ils ont été guéris. Dire à ces malades qu'ils ſont des visionnaires, qu'ils n'ont pas été guéris, puisqu'ils n'étoient pas malades, c'est pousser le pyrrhonisme jusqu'au dernier période, & j'oserois même dire jusqu'à l'insolence, que de donner un pareil démenti à mille honnêtes gens, parmi lesquels il y en a plusieurs de distingués & par leur naissance & par leur mérite.

Si, dans les affaires civiles & criminelles, on est obligé de s'en rapporter au témoignage d'un petit nombre de personnes dignes de foi, à plus forte raison devroit-on aussi s'en rapporter à un grand nombre de personnes dignes de foi, dans le cas dont il s'agit, à moins qu'on ne veuille renverser l'ordre de la société, & se mettre dans l'impossibilité de ne pouvoir plus rien prouver.

Si ce fluide universellement répandu & continué de maniere à ne souffrir aucun vuide, dont la subtilité ne permet aucune comparaison, & qui, de sa nature, est susceptible de recevoir, propager, & communiquer toutes les impressions du mouvement, est le moyen de cette influence mutuelle qui existe entre les corps célestes, la terre & les corps animés, ÉTONNE les savans, j'en suis réellement fâché. Cependant ces messieurs cesseroient d'être étonnés, s'ils vouloient bien faire réflexion qu'un pareil fluide ne peut être que le feu même de la nature répandu par-tout.

Pour moi qui n'en doute pas un moment, je ne répugne point du tout à croire les facultés &

les attributs que le docteur Mesmer donne à ce fluide.

Car bien loin que de pareils principes soient opposés à ceux universellement reçus, je les trouve au contraire très-conformes à ceux qui sont reçus.

*Ignis ubique latet, naturam amplectitur omnem,*
*Cuncta fovet, renovat, dividit, unit, alit.*

Et en effet peut-on assigner un lieu dans l'univers, quelque petit qu'il soit, où le feu n'existe pas ? N'est-ce pas l'agent universel de la nature ? N'est-il pas capable de compression & de dilatation sur lui-même, par une faculté unique, & qui, quoiqu'incompréhensible, n'en est pas moins réelle, & qu'il tient de la propriété de son existence par la volonté de Dieu à qui il a plu de le former ainsi ?

N'est-ce pas ici le cas de dire, en avouant notre ignorance, avec Vannhelmont :..... *novitque Deus cur ista sic fiant, qui sua creata dotavit pro suo libitu ?*

N'est-ce donc pas là cet agent qui est capable de recevoir, propager, & communiquer toutes les impressions du mouvement à toute la nature ? Peut-il souffrir quelque comparaison ? Est il possible de méconnoître cet agent à de pareilles propriétés ? & ne sont-ce pas là des vérités que tout le monde reconnoît ?

L'électricité ne nous prouve-t-elle pas l'existence de cet agent univerſel, que le mouvement fait ſortir de tous les corps ſous la forme d'un feu pur & brillant, excité ſeulement par un frottement continuel & accéléré? Y a-t-il un corps dans la nature, qui, frotté un certain temps, ne s'échauffe ou ne s'enflamme? & la ſeule chaleur ne démontre-t-elle pas la préſence du feu?

Si on n'avoit pas la précaution de graiſſer les eſſieux des roues de carroſſes & de charrettes, le feu n'y prendroit-il pas en peu de temps? Dès qu'on donne un coup de briquet ſur une pierre à fuſil, n'en ſort-il pas tout de ſuite des étincelles qui mettent feu ou à l'amadou ou à la poudre à canon, dont on connoît les terribles effets? Si on n'avoit pas l'expérience journaliere de ces phénomenes, les croiroit-on? & ſoupçonneroit-on du feu dans des matieres ſi mépriſables? Concluons donc que le feu eſt par-tout ou en puiſſance ou en acte.

*Ignis ubique latet, naturam amplectitur omnem.*

Qu'y a-t-il donc d'extraordinaire dans le ſyſtême du docteur Meſmer, dès que ſon fluide eſt le feu de la nature, & qu'il n'en peut exiſter d'autre à qui les attributs & les facultés que le docteur Meſmer lui donne, puiſſe convenir. Ce n'étoit donc pas une énigme ſi difficile à deviner.

Le corps humain que nos ancêtres avoient

nommé si à propos le petit monde, *microscome*, n'est-il pas en effet la représentation du grand monde, *le macroscome*? N'est-il pas continuellement dans une électricité perpétuelle, dont le cœur est le centre de même que le soleil est le centre du grand monde? & de même que le soleil est le principe du mouvement & du feu qui anime toute la nature, de même aussi le cœur de l'homme est le principe du mouvement & du feu qui anime & fait mouvoir toute la machine animale, au gré de l'ame intellectuelle, en entretenant la machine animale dans une électricité perpétuelle, dont il est le centre, & d'où résulte, à proprement parler, la vie du sujet, puisque c'est de ce cœur toujours en mouvement, que les arteres & les muscles reçoivent l'impression de ce mouvement qui fait circuler continuellement le sang & les fluides du corps humain dans un parfait équilibre; équilibre qui, venant à manquer, engendre aussitôt la maladie ou la mort.

Mais comme ce cœur qui est toujours en mouvement, qui électrise toute la machine animale, n'est lui même qu'un principe secondaire, c'est du feu de la nature, dont le soleil est le pere, qu'il reçoit & qu'il tient l'admirable faculté qu'il possede, étant, avec ce pere de la nature, dans une continuelle correspondance par un merveilleux magnétisme, & un amour réciproque que l'Auteur de la nature a infusé en eux; de façon que, si l'un attire & pompe les émanations du feu céleste, ce même feu céleste a une tendance naturelle à s'insinuer & se communiquer avec le cœur, soit par les pores de la peau qu'il imbibe comme une éponge, soit par la respiration, en s'introduisant dans les poulmons avec l'air, soit enfin avec les alimens dont il se dégage à l'aide de la digestion.

Si quelqu'accident extérieur ou intérieur dérange cette harmonie & cette circulation continuelle, de-là naît, comme je viens de le dire, la maladie ou la mort du sujet, qui n'est autre chose que la diminution ou la cessation entiere de cette correspondance intime entre le microscome & le macroscome, source de l'électricité animale, en quoi consiste la vie, d'où l'on peut conclure que *sine calore nullus fit motus, & sine motu nullus calor; & ubi nec calor, nec motus, nulla vita est.*

Mais je fais une grande différence entre l'électricité animale & l'électricité artificielle, excitée par la violente rotation d'un cylindre de verre. L'une est naturelle, douce & propre aux organes de l'animal, & l'autre au contraire est violente & contre nature; elle occasionne des subresauts dans tous les ressorts de la machine animale, d'où peut résulter des crispations, des engourdissemens, &c. &, dans certaines occasions, la mort même du sujet, par une commotion trop forte & mal administrée. Si elle fait quelquefois du bien, c'est par accident, & dans des sujets où l'électricité animale a beſoin d'être remiſe en vigueur, de même qu'un grand effroi peut guérir une fievre que les remedes ordinaires n'ont pu guérir, & que l'eſprit de ſel armoniac mis ſous le nez d'une perſonne évanouie, la fait revenir ſur le champ. Cela poſé, il n'eſt pas fort étonnant que le docteur Meſmer, en ſe ſervant à propos de cette électricité animale, guériſſe bien des maladies par le ſeul attouchement, s'il a l'art de la rendre médicinale, & de la communiquer dans un corps malade, par l'entremiſe des nerfs, à l'aide de l'agent univerſel dont il a l'art de ſavoir ſe remplir, de maniere à ſervir lui-même de conducteur.

Les phyſiciens connoiſſent une matiere pleine de fluide électrique, à laquelle je ſuis ſurpris qu'on n'aye pas penſé plutôt qu'au ſouffre, qui, étant une fois échauffée, conſerve ſon électricité, avec la faculté de la communiquer, & qui demeure telle tant qu'elle eſt tant ſoit peu chaude.

Pourquoi le docteur Meſmer, en portant cette matiere ſur ſon cœur, par-deſſous ſon habit, ne pourroit-il pas s'électriſer, au point de communiquer cette électricité, qui deviendroit alors animale & médicale tout enſemble, à d'autres individus, en les touchant ſeulement, devenant pour lors un conducteur d'autant plus efficace, qu'il y auroit un plus grand rapport de nature entre lui & celui qu'il toucheroit.

Son cœur feroit pour lors l'effet du cylindre

de verre qui électriſeroit par ſa chaleur naturelle la matiere dont je parle ; & mettant alors ſa main droite ſur la matiere dont j'ai parlé (& que je ne nomme pas pour raiſon), que j'ai dit devoir être ſur ſon cœur, & touchant le malade de ſa main gauche qui deviendroit la conductrice de l'électricité animale. Il a été obſervé par pluſieurs perſonnes qui ont été touchées par le docteur Meſmer & d'autres de ſes éleves, qu'avant de les toucher, & même en les touchant, ils mettoient leur main droite ſur leur cœur, par-deſſous leurs habits.

Pourquoi ne pourroit-il pas encore avoir ſur ſon bras gauche, une eſpèce de braſſelet qui contiendroit des baumes, des ſels volatiles & autres remedes très-ſubtiles, que l'électricité de ſon corps mettant en mouvement, rendroit propres à propager leur vertu le long de ſa main conductrice, juſques dans les pores du corps qu'il toucheroit, & y exciter tout de ſuite un effet ſalutaire ? Tel, par exemple, que pourroit être le baume du Pérou, les ſels volatiles de corne de cerf, de viperes, de crâne humain, &c. &c.

Il ne faut, pour être convaincu de la poſſibilité de ma ſuppoſition, que lire l'hiſtoire de l'électricité médicale, où l'on verra une quantité de guériſons opérées par le ſieur Privati, juriſconſulte, & célebre phyſicien à Veniſe, avec des cylindres de verre enduits intérieurement de matieres propres à transmettre leurs vertus par leur extrême subtilité, au travers des pores du verre, & delà communiquer, par l'entremise du conducteur, jusques dans le corps des malades.

Ces expériences ont été répétées nombre de fois par MM. Bianchi, professeur d'anatomie à Turin, & Vérati, médecin à Bologne, sous les yeux de qui elles ont été faites.

Il est vrai que M. l'abbé Nollet, un de nos célebres physiciens, a nié la réalité de ces guérisons. Mais ce grand homme pouvoit bien avoir des raisons particulieres; & sans entrer dans l'examen de ces raisons, il ne paroîtra pas probable aux gens sensés & désintéressés que trois célebres physiciens, tous les trois à des distances très-éloignées, se soient entendus entr'eux pour en imposer au public, & qu'ils aient fasciné les yeux & les oreilles d'un millier de spectateurs ou de témoins auriculaires, & que ceux qu'ils ont guéris aient été assez fanatiques ou assez visionnaires pour avoir cru éprouver ce qu'ils ne sentoient pas, & s'être imaginés être guéris des maux qu'ils souffroient, tandis que réellement ils ne l'étoient pas.

Pour moi, je crois ces guérisons très-possibles & très-vraies; & je suis d'autant plus fondé à les croire, qu'il m'est connu la composition de certaines boules, qui, tenues dans la main pendant une demi-heure au plus, purgent ou font suer, ou font uriner, ou font dormir, selon l'intention pour laquelle elles ont été composées, sans le secours de l'électricité, & uniquement par la seule chaleur animale qui excite de ces boules des émanations, qui, s'insinuant dans le sang par les pores de la peau, y operent ces différens effets; effets qui pourront être renouvellés pendant une année entiere, pourvu qu'on aie soin de renfermer ces boules, chacune à part, dans des boëtes bien fermées, après chaque opération.

Depuis peu un physicien d'Alfort, qui ne s'est pas nommé, vient de communiquer gratuitement au public des observations faites sur le soufre, qui a produit des effets qui ressemblent singuliérement à ceux opérés par le magnétisme animal, entre les mains du docteur Mesmer, & enfin des expériences & des observations ultérieures qu'un autre physicien d'Amiens vient de communiquer aussi franchement au public, dans le journal du 28 Mars, qui semblent, par le détail qu'il en fait dans sa lettre du 11 Février dernier, prouver, de la maniere la plus satisfaisante, que le soufre est le véritable agent du magnétisme animal, dont le docteur Mesmer fait un mystere.

Mais que ce soit effectivement le soufre ou la matiere dont j'ai parlé plus haut, & dont la vertu électrique est encore plus grande que celle du soufre, dont le docteur Mesmer se sert pour exciter le magnétisme animal, que ce soit là réellement son agent, il aura toujours eu raison de dire que ſon fluide ne ſouffre aucune comparaiſon, &c. &c. puiſque, de toute maniere, ce fluide eſt toujours le feu univerſel de la nature, mis en action par l'électricité animale.

Mais à quoi nous ſervira-t-il d'avoir fait cette découverte, ſi nous ignorons la vraie maniere d'en faire uſage, & les occaſions de s'en ſervir à propos? Il ne ſuffira pas d'avoir ſur ce phénomène la plus ſavante théorie, il faudra encore une longue pratique & des obſervations multipliées, pour pouvoir établir une doctrine certaine, & appuyée par une multitude d'expériences.

Le docteur Meſmer eſt ſeul en état de nous éviter tant de peines & de longueurs, & des fautes inévitables & dangereuſes dans la pratique; lui ſeul eſt en poſſeſſion de cette doctrine, qu'il a lui-même formée d'après une multitude d'expériences & d'obſervations; & par conſéquent il eſt le ſeul en état de former de bons éleves, comme étant le pere & le propriétaire de cette ſublime découverte : c'eſt à lui ſeul qu'appartient, de droit, l'honneur de nous en apprendre l'uſage, en nous découvrant avec franchiſe le bien & le mal qui peuvent réſulter d'une adminiſtration bien ou mal faite, à propos ou non. Enfin, il aura toujours un droit inconteſtable à notre reconnoiſſance, & les gens ſenſés & honnêtes ne verront qu'avec indignation ceux qui chercheront à lui nuire ſous tel prétexte que ce ſoit.

Mais je reviens à l'auteur de la lettre à laquelle je réponds, & que j'ai un peu perdu de vue, entraîné que j'ai été par l'enthousiasme que m'a occasionné la matiere que je traite. N'est-ce pas une chose absurde ou risible, tout comme on voudra dire, que cet auteur s'avise de mettre en jeu la religion, & veuille soutenir que la doctrine du magnétisme animal, & son exercice, sont contraires à la religion, & fasse, en conséquence, un crime au pere Hervier d'avoir osé avancer, dans sa lettre, que les peres, réjouis par leur quatrieme & cinquieme génération, &c. Dieu n'a-t-il pas toujours les mêmes moyens pour nous punir ou nous récompenser quand il jugera à propos?

N'est-ce pas lui qui a créé le magnétisme animal, & cet agent universel & merveilleux qui s'identifie dans tous les corps de la nature, animés ou inanimés?

N'est-ce pas lui qui a départi à ce fluide incomparable des propriétés si admirables? Et quand sa volonté sera de nous envoyer des maux pour nous punir ou pour nous éprouver, ne sera-t-il pas toujours le maître de rendre cet agent miraculeux sans effet? Et quand cela arrivera, ( si cela arrive ) que les médecins de la faculté & le docteur Mesmer lui-même auront beau jeu pour s'excuser, lorsqu'ils ne guériront pas leurs malades, les premiers avec leurs remedes, le second avec son magnétisme animal. Ils n'auront qu'à leur dire, pour s'excuser : *Dieu ne veut pas que vous guérissiez ; parce que c'est une punition de vos fautes, ou qu'il veut vous éprouver;* & les médecins, ni les remedes n'auront jamais tort.

Selon la pensée de cet auteur singulier, il ne devroit pas être permis aux médecins de tenter la guérison des maladies, dans la crainte que dieu ne les eût envoyées pour punir les gens qui en sont attaqués, ou pour les éprouver.

Jesus-Christ lui-même n'auroit pas dû guérir tous les malades qu'il a guéris; il n'auroit pas dû dire à ses apôtres, en les envoyant prêcher son évangile : *Ite & in quacumque civitatem intra veritis curate infirmos.* Enfin, les médecins n'auroient pas dû être en si grande vénération qu'ils l'ont été dans tous les temps, sur-tout dans l'antiquité la plus reculée, où il falloit être médecin pour être roi. *Nolite me constituere principem populi? Non sum medicus. Isai. cap. 3.* Dieu auroit-il créé des médecins pour s'opposer à ses volontés? & auroit-il commandé de les honorer? *Honora medicum, & enim illum creavit altissimus. Eccles. cap. 38.*

Les maladies sont des effets des causes secondes, qui ont entré dans le systême de l'univers, de même que les orages, les tonnerres, les inondations, les tremblemens de terre, &c. Dira-t-on que c'est aller contre la volonté de Dieu d'éloigner les orages à coup de canon, comme on le fait souvent ſur la mer, & ſur terre en ſonnant les cloches? de mettre des para-tonnerre ſur les maiſons, pour rendre la foudre ſans effet? oppoſer des digues aux inondations? &c.

Il ne devroit pas être permis de prendre des précautions pour ſe garantir de la peſte qu'un vaiſſeau pourroit nous apporter dans nos ports. En un mot, il faudroit être dans une indifférence totale ſur tous les événemens de la vie, ſans oſer chercher les moyens de s'en garantir, dans la crainte que ce ne ſoit des maux que Dieu nous prépare pour nous punir ou nous éprouver.

Y a-t-il rien de plus abſurde, & ne doit-on pas être étonné qu'un homme de bon ſens oſe ſoutenir un pareil ſyſtême?

Après avoir dit que les gens qui ſe diſoient guéris par le docteur Meſmer, étoient des viſionnaires & des fanatiques, avoir accuſé ſon traitement d'être dangereux pour l'honneur des femmes, avoir dit qu'il étoit contraire à la religion, il ne manque plus qu'à traiter le docteur Meſmer de ſorcier, & dire qu'il a fait un pacte avec le diable. Heureuſement nous n'avons point d'inquiſition en France, & les parlemens ne croient plus aux ſorciers.

Mais c'eſt aſſez & même trop long-temps s'occuper d'une lettre qui ne méritoit pas de réponſe. Je finis donc en diſant que le docteur Meſmer ſeroit très-bien fondé à dire avec Jeſus-Chriſt : *Mihi indignamini, quia hominem ſanum feci.*

*Multa opera oſtendi vobis, propter quod eorum opus me lapidatis? St. Jean. cap.* 10. Enfin, il pourroit dire encore, avec le prophête Roy : *Aperuerunt ſuper me os ſuum ſicut leo rapiens & rugiens. Pſal.* 20, *v.* 14.

*Circumdederunt me canes multi : conſilium malignantium obſedit me. Pſal.* 20, *v.* 17.

Si vous voulez que je vous diſe mon ſentiment au ſujet de l'auteur de cette lettre, je crois que c'eſt un cher confrere du pere Hervier, qui, pour l'amour qu'il lui porte, a été bien aiſe de faire cette ſortie ſur lui, &, par contre-coup, ſur le docteur Meſmer. Le ſtyle de la lettre, & les citations de l'écriture ſainte, quoique mal appliquées, me le perſuadent d'autant plus, qu'ordinairement dans les couvens, & parmi les religieux, *non omnibus omnia congruunt.*

En tout cas, ce digne confrere, ſi c'en eſt un, leur a fait plus de bien que de mal; & notre ami Meſmer, loin d'avoir reçu la moindre bleſſure, ne s'en porte que mieux.

Je vous envoie, ci joint, des vers qui ont été faits pour le docteur Meſmer, faiſant alluſion à ce paſſage d'Horace, où il dit : *In virtute mea, me involvo.*

J'ai l'honneur d'être, avec le plus ſincere attachement, MONSIEUR,

Votre très-humble & très-
obéiſſant ſerviteur, &c.
MESMER

Quem Colligit Spargit

## MESMER

### *Dans le manteau d'Horace.*

*In virtute mea me involvo.*
HORACE.

Tel qu'un dogue aboyé par un tas de roquets,
De leurs vaines clameurs ne craint point les effets,
Et, d'un œil de mépris, les voit, les considere,
Sans daigner s'abaisser à se mettre en colere,
Mesmer en fait autant, & n'est pas plus ému :
Il n'oppose aux clameurs que sa simple vertu.
Dans un manteau pareil, on se rit des injures,
Et l'on est à l'abri de toutes les blessures
Qu'essaie en vain de faire un ennemi jaloux.
On va, tête levée, en bravant son courroux.

---

## LETTRE III.

### *Au même.*

A Paris, ce 15 Avril 1784.

Quoi, monsieur, il est possible que vous ne lisiez pas la feuille du journal de Paris, qui paroît tous les jours ! Curieux comme je vous connois, je suis surpris de votre négligence à cet égard. Je conviens que, dans l'éloignement où vous êtes de notre capitale, vous recevriez un peu tard ce journal ; mais qu'importe, vous sauriez toujours tôt ou tard ce qui se passe dans le monde savant, & cela satisfait toujours. Je ne m'étonne plus que vous n'ayez pas de connoissance des expériences qui se sont faites sur le soufre, & dont je vous ai parlé dans ma précédente. Je vais, avec beaucoup de plaisir, satisfaire votre curiosité sur cet article, en vous transcrivant tout ce qui s'est dit à cette occasion, & qui semble mettre dans tout son jour le secret du magnétisme animal du docteur Mesmer. Je prendrai ensuite la liberté de vous dire mon sentiment sur cette découverte. Je vais commencer par la copie de la lettre de M. F. aux auteurs du journal, datée d'Alfort, le 8 Janvier 1784.

MESSIEURS,

Si l'on applique, par l'une de ses extrêmités, un bâton de soufre minéral sur un point quelconque de la surface du ventre, spécialement sur celle appellée communément le creux de l'estomac, quelques minutes & quelquefois un demi quart d'heure après cette application, on éprouve un sentiment extraordinaire qui varie dans les différents individus : ce sont ou des borborigmes, ou une douleur dans une partie du ventre, qui, dans les uns, commence au lieu où est appliqué le corps, & s'étend ensuite; dans d'autres, reste fixe, ou a lieu dans des parties éloignées de cet endroit. Le plus souvent c'est une chaleur qui, du lieu où le bâton de soufre est placé, se communique de proche en proche à toutes les parties du ventre, ou à quelques-unes d'elles seulement. Il y a des personnes qui éprouvent plusieurs de ces sensations à la fois; d'autres les éprouvent toutes. Si vous placez le bâton de soufre entre les deux épaules, il y produira de la douleur ou de la chaleur : lorsqu'en même-temps vous en appliquez un sur le creux de l'estomac, on éprouve les effets énoncés aux deux endroits à la fois, ou on ne les ressent que sur l'une des deux parties.

Si aux bâtons de soufre vous en substituez qui soient composés de parties égales de soufre & de limaille de fer, vous obtenez le même effet avec les modifications néanmoins qui n'ont pas un caractere assez distinct pour que je puisse les déterminer dans le moment; si vous prenez quatre bâtons de soufre, que vous en placiez un le long de chaque bras, sous votre habit, & de la même maniere sur les cuisses; que vous appliquiez vos mains au creux de l'estomac, & la pointe de vos pieds contre celle de la personne sur laquelle vous voulez produire des effets, vous aurez les mêmes résultats qu'avec les bâtons de soufre simple, ou ceux faits avec le soufre & la limaille de fer, sans qu'il soit possible de prouver aucune différence. Ainsi armé, vous pouvez toucher avec des baguettes de fer plus ou moins longues, & vous aurez encore les mêmes résultats. Si, pendant un espace de temps assez long, vous avez laissé sur vous l'un ou l'autre bâton de la maniere que j'ai indiquée, vous pourrez, après les avoir quitté, produire des sensations sur quelques individus que vous toucherez au dos ou au creux de l'estomac.

Si plusieurs personnes forment une chaîne, & qu'elles se touchent par les pieds & par les mains, il suffit que l'une d'elles s'applique les bâtons, comme nous l'avons dit, pour qu'ils agissent également sur tous les autres. Nous devons observer que jusqu'à présent nous n'avons composé la chaîne que de sept personnes.

Ces phénomenes n'ont pas lieu sur tous les sujets; mais sur vingt qui se sont présentés & soumis à l'expérience, trois seulement n'ont éprouvé aucun effet; mais ceux-là même n'ont point empêché la communication dans les chaînes dont nous avons parlé.

Les bâtons de soufre appliqués dans leur longueur, agissent aussi, mais moins sensiblement. Plusieurs des personnes qui se sont soumises à ces expériences, ont éprouvé des révolutions plus ou moins sensibles, telles que des émissions de vents, des secrétions plus ou moins abondantes d'urine, de la transpiration. D'autres personnes, & sur-tout une, ont éprouvé des déjections copieuses, une véritable purgation. Ce phénomene me paroît assez important, en attendant des observations ultérieures, pour mériter l'attention des obſervateurs.

Je vous prie de vouloir bien le rendre public; je deſire qu'il recule les bornes de nos connoiſſances, & qu'il contribue à fixer de plus en plus l'attention des philoſophes ſur toutes les propriétés des corps.

J'ai l'honneur d'être, &c.

Cette lettre a engagé un profeſſeur de phyſique, à Amiens, de répéter les expériences qui y ſont rapportées; & voici la lettre que ce profeſſeur a fait inſérer dans le journal du 28 Mars, n. 88.

*Amiens, le 11 Février 1784.*

Je vous prie, meſſieurs, de donner au ſavant & modeſte obſervateur d'Alfort, la ſatisfaction d'apprendre, par la voix de votre journal, que ſes premieres expériences ſur le ſoufre ont été répétées ici, & ont donné tous les réſultats qu'il a annoncés. Nous avons même été plus loin peut-être; car, à force de tourner, varier & retourner ces expériences, principalement ſur des enfans de huit à dix ans, bien conſtitués, bien portans, parce qu'ils nous ont paru beaucoup plus ſenſibles que les jeunes gens d'un âge plus avancé, nous venons de découvrir,

1°. Que le fluide de ſulphuro animal répand, à la ronde, une douce chaleur qui ſe fait ſentir dans l'étendue d'un plan incliné du midi au ſeptentrion, faiſant avec l'horiſon un angle de 20 degrés, environ. Le cercle d'activité de ce fluide ( je dis cercle, & non pas ſphere, puiſque la chaleur qu'il répand ne ſort point de la direction du même plan ) nous a paru avoir environ dix pieds de diamètre.

2°. Ce fluide accumulé en nous, outre cette inclinaiſon du midi au nord, manifeſte des pôles; il fait éprouver, du côté du midi, un foible ſentiment de froid; &, du côté du nord, une impreſſion un peu plus forte de chaleur.

3°. Les ſenſations qu'il donne m'ont paru être un peu plus fortes avec des barreaux aimantés, qu'avec l'aimant ſeulement. Ces nouveaux faits que les phyſiciens reconnoîtront bientôt, s'ils ne m'ont pas déjà prévenu, pourroient bien annoncer ce fluide même, que M. Meſmer appelle magnétique animal, & qui produit, entre ſes mains, des phénomenes ſi extraordinaires. Je n'entends point ici l'affirmer : mais combien j'en vois qui n'héſiteront pas de le faire, quand ils apprendront que mes écoliers, du jour même où ils ont lu dans votre journal & répété, avec moi, les expériences d'Alfort, ont ſu dès-lors faire la chaîne, provoquer des ſueurs, l'urine, des ſelles, &c. &c. donner des crampes, des points de côté, des douleurs rhumatiſmales, &c. cauſer des étouffemens, des éblouiſſemens, des défaillances, &c. Depuis ce ſont autant d'électrophores ambulans, de vrais torpilles;

on ne les touche plus impunément. Qu'on n'aille pas croire que j'exagere. Tout ce que j'avance ici est chose connue de toute la ville, & j'en ai quelque regret; d'abord parce que cela fait jaser les mal intentionnés sur la physique & sur le professeur... & sur-tout parce que j'ignore au fond s'il n'y aura point de risque à se jouer, comme font mes écoliers, avec le soufre.

Toutefois nos jeunes gens n'en ont eu depuis que meilleur appétit. Plusieurs, qui étoient cacochimes & malingres, ont été heureusement purgés; ils y ont gagné de la santé, & une tête plus libre pour le travail; fait qui innocenteroit l'arsenic même aux yeux d'un professeur.

Je suivrai donc, en physicien, le fluide que le soufre décele, & vous communiquerai, messieurs, les résultats que sa recherche me fournira dans tout ce qu'ils auront de nouveau & d'instructif. Le desir d'être éclairé sur les dangers de ces sortes d'expériences où le génie de la physique va faire encore de nouvelles découvertes, sinon brillantes, du moins très-précieuses, voilà, messieurs, ce qui m'a porté à vous adresser cette lettre.

J'ai l'honneur d'être, &c.

Vous voyez, monsieur, que ces expériences semblent dévoiler entièrement le secret du magnétisme animal, & l'agent dont se sert le docteur

Meſmer. Paſſons à une ſeconde lettre du même profeſſeur, inſérée dans le journal du vendredi 9 Avril 1784, n. 100.

*Extrait d'une Lettre de M. l'Abbé Regnard, Profeſſeur de Phyſique au College d'Amiens, à M. D***, Int. de P***.*

MONSIEUR,

1°. Pour répondre, comme vous le deſirez, aux queſtions de madame la marquiſe de V***, concernant l'action du ſoufre ſur l'économie animale, veut-on en faire une épreuve bien ſenſible, ainſi que l'a annoncé le très-eſtimable obſervateur d'Alfort?

Qu'on faſſe faire, en peau très-mince & très-propre, un ſachet allongé & piqué, ou un petit matelat de douze à quinze pouces de longueur, ſur trois de largeur dans un de ſes bouts, & cinq ou ſix dans l'autre, ayant un peu moins d'un demi-pouce d'épaiſſeur, bien rempli d'un mélange de ſoufre & de limaille de fer. Il convient de mettre deux parties de ſoufre ſur une de limaille de fer la plus fine. Il eſt eſſentiel de broyer très-exactement, à ſec, le mélange des deux matieres dans un mortier de fer bien propre.

2°. Lorſqu'on l'aura tenu ſur ſoi pendant pluſieurs heures, pour peu qu'on ſe donne d'exercice,

& qu'on ait chaud, on ſe trouvera inſenſiblement pénétré de la vertu ſulphuro électrique, & aſſez pour agir efficacement ſur des jeunes perſonnes, & ſur toutes celles qui ont la fibre délicate & le genre nerveux ſenſible.

3°. Veut-on être plus armé encore? Qu'on prenne, le matin, à jeun, deux ou trois paſtilles de ſoufre : ſi elles ſont bien faites & bien ſéches, elles ne ſeront point déſagréables au goût.

4°. Ainſi armé depuis quelques heures du ſachet, & les paſtilles bien digérées, vous preſſerez vos pieds contre ceux de la perſonne que vous voudrez magnétiſer. Vous promenerez ſur la veſte ou ſur le corſage de cette perſonne, votre main gauche, ouverte le long du dos; en même-temps vous préſenterez la main droite au creux de l'eſtomac, tantôt en frottant à plat ſur le corſage ou ſur la veſte, tantôt en réuniſſant vos doigts en pyramide, & en faiſant, autour de l'eſtomac, de petits cercles, & revenant toujours au creux de l'eſtomac.

5°. Mes écoliers n'emploient pas autant de précautions. Cinq ou ſix bâtons de ſoufre longs & gros d'un pouce environ, leur ſuffiſent. Ils s'en mettent un ſur la foſſette du cœur, deux aux cuiſſes, deux ſous les aiſſelles, & les voilà en état, en moins d'une heure, de magnétiſer, de donner des cours de ventre, des nauſées, des palpitations, & divers ſentimens fâcheux d'abord, & incommodes, mais dont les ſuites ne les allârment point, parce qu'en effet nos ſulphuriſés s'en ſont toujours mieux trouvés après, & que les affections n'ont lieu que chez des perſonnes remplies d'obſtructions récentes, manquant d'appétit, rongées de rhumatiſmes, ſourds, de migraines, &c. Il eſt de fait que les perſonnes graſſes, bien portantes, & qui n'ont aucun vice dans les humeurs, ni dans les viſſeres, n'éprouvent rien, ſinon des envies un peu plus fréquentes d'uriner, & un meilleur appétit.

6°. Plus il y aura de perſonnes qui feront chaîne en rond, qui ſe tiendront par la main, en ſe preſſant les pieds, debout ou aſſis, n'importe, plus la perſonne que vous magnétiſerez ſentira vivement & puiſſamment l'action du ſoufre. Tâchez d'obtenir quelque ſilence, & que la perſonne qui ſe prête au traitement daigne ſuivre ſérieuſement ce qui ſe paſſera en elle; quelquefois dans l'inſtant même, mais au plus tard dans ſept ou huit minutes, elle vous dira : *je ſens des grouillemens dans les inteſtins*. Vous-même les entendrez : je ſens une grande chaleur aux reins, entre les deux épaules; voici des fumées qui me montent à la tête. L'artere battra plus vîte; ſuivront, dans certains cas, des criſes telles que des convulſions, des défaillances, des ſyncopes, &c.

7°. Comme ce genre d'expériences n'eſt pas fait pour amuſer, & que la préſence du ſoufre ſe manifeſte par une petite odeur qui ne plaît pas aux perſonnes délicates, & par ſon action ſur les bijoux en argent, qu'il noircit, je doute que madame la marquiſe de V*** ſoit curieuſe de les répéter : c'eſt pourquoi je n'entrerai pas dans de plus grands détails. Si c'eſt pour en faire un objet de curioſité, je crois en avoir dit aſſez pour ſatisfaire ; ſi c'eſt pour en faire un objet de ſanté, il n'y a pas de doute que les médecins & les magnéticiens de profeſſion ne doivent être conſultés en pareil cas. Ce n'eſt pas que je ne ſois témoin des faits aſſez merveilleux ſur mes écoliers, mais je n'oſerois en entretenir le public, dans la crainte de cauſer plus de mépriſes & d'accidens encore que de bons effets.

Je ſuis, &c.

Vous voilà maintenant au fait, monſieur, de tout ce qui s'eſt dit au ſujet du ſoufre & de ſes propriétés ſur le magnétiſme animal, avec lequel il a un rapport bien ſingulier. Il ſemble qu'on ne puiſſe plus douter que ce ne ſoit là l'agent dont ſe ſert le docteur Meſmer pour opérer toutes ſes merveilles. Si cela eſt, c'eſt bien le cas à ne voir les choſes que ſuperficiellement, d'être ſurpris de voir de ſi grands effets provenir d'une ſi petite cauſe, & d'admirer de plus en plus la toute-puiſſance d'un Dieu, dont la ſimplicité de ſes ouvrages confond notre foible raiſon, à meſure que nous parvenons à en découvrir la plus petite partie.

Cependant, puiſque vous êtes curieux de ſavoir mon ſentiment ſur le ſoufre, je vous dirai que, malgré toutes les apparences qui ſemblent prouver qu'il eſt le véritable agent dont ſe ſert le docteur Meſmer, je ne crois pas que ce ſoit poſitivement de lui dont il faſſe uſage, mais bien d'une autre matiere plus pure & plus capable de recevoir & de communiquer les émanations animaliſées de l'agent univerſel, à l'aide d'un conducteur de même nature que le ſujet qu'on magnétiſe; &, pour rendre mon ſentiment plus probable, il ne faut qu'examiner un moment la nature du ſoufre.

Le ſoufre eſt un corps très-électrique, & ce n'eſt que par ſa vertu électrique qu'il peut produire les effets qui viennent d'être rapportés dans les lettres précédentes : il eſt compoſé d'acide vitriolique & de phlogiſtique.

Suivant l'analyſe des chimiſtes, il entre dans ſa compoſition, ſur chaque livre, quatorze onces d'acide vitriolique concret, une once de phlogiſtique, & une once de terre.

Or, ce n'eſt ſûrement pas à la terre qu'il contient qu'il faut attribuer ſes vertus, encore moins à l'acide vitriolique : ce n'eſt donc qu'au phlogiſtique que l'on peut raiſonnablement attribuer ſon électricité & ſes prodigieux effets ſur les corps animés.

Si cela eſt, dès qu'on pourra concentrer un phlogiſtique pur & ſubtil en doſe triple & quatruple dans une matiere compacte & ſerrée, d'où néanmoins la ſeule chaleur animale puiſſe faire aiſément échapper des émanations, & qu'on aura l'art de diriger ces émanations avec prudence & ménagement dans le corps humain, par les pores de la peau, ſoit dans l'eſtomac, ſoit dans le ventre, il n'eſt pas douteux qu'il doit en réſulter des effets proportionnés à la conſtitution actuelle du ſujet, & occaſionner intérieurement des révolutions favorables qui ſe manifeſteront au dehors par les ſueurs, les urines, les ſelles, ou qui agiront ſur le genre nerveux, ſuivant ſon degré d'irritabilité.

Or, ſi une ſi petite quantité de phlogiſtique dans le ſoufre, eſt capable d'opérer des effets ſi prodigieux que ceux qu'on annonce, que ne ſeroit-on pas en état de faire avec une matiere qui, dans un ſemblable volume, contiendroit trois & quatre fois autant de phlogiſtique?

Je ne crois pas la choſe impoſſible, & je penſe même que le phlogiſtique, dans cet état, malgré ces émanations, ne feroit aucune déperdition de lui-même, l'électricité de l'atmoſphere réparant à meſure ſes pertes, par une circulation continuelle du fluide électrique, à moins qu'une chaleur exceſſive & diſproportionnée ne détruisît le composé.

J'ai parlé, dans une de mes précédentes, d'une matiere connue des phyſiciens, qui rempliroit, à mon avis, beaucoup mieux que le ſoufre l'objet deſiré. Ils en connoiſſent une autre qui le rempliroit encore auſſi bien, ſans avoir les inconvéniens du ſoufre, dont les émanations, excitées par la chaleur animale, doivent toujours porter avec elles un caractere d'eſprit ſulphureux, capable d'incendier la maſſe du ſang & des humeurs; au lieu que, dans les autres matieres, ce ne ſeroit que le feu pur de la nature animaliſé, & rendu homogêne à l'animal, par l'animal même. Et, pour mieux vous expliquer ma penſée, tout conſiſte à faire de ſoi-même un électrophore aimanté & animaliſé, par le ſecours d'une matiere propre à cet effet.

Au reſte, monſieur, tout ce que je dis là ſont des conjectures que je ne vous donne pas pour infaillibles; vous êtes plus ſavant que moi, & vous les apprécierez ſuivant leur valeur. J'ai profité de la permiſſion que vous m'avez donnée de vous dire mon ſentiment, pour avoir le plaiſir de m'entretenir avec vous plus long-temps, ſur une matiere que j'aime, & que je voudrois pouvoir étudier à fond; mais, par malheur, je ne ſuis plus en âge d'étudier, & je n'ai d'autre reſſource que celle de profiter des lumieres des autres.

Ne trouvez pas mauvais, je vous prie, ſi je ne me ſuis pas expliqué ſur les deux matieres que j'ai dit pouvoir être ſubſtituées au ſoufre avec beaucoup d'avantage à tous égards; c'eſt pour ne point faire tort au ſecret du docteur Meſmer, en cas que j'aie frappé au but. J'en ſuis peut-être éloigné de cent lieues; mais n'importe, ma délicatesse ne me permettant pas de courir les risques de nuire à qui que ce soit, & encore moins à un homme que j'estime & que j'aime singulièrement.

La premiere découverte lui appartient : il est juste qu'il jouisse de sa propriété, & que lui seul aie l'honneur & la satisfaction d'en faire part au public quand il jugera à propos, & que, faisant le bonheur des autres, par un juste retour, on pensera à faire le sien. Je serois sûr d'avoir frappé au but, que j'en agirois de même.

Donnez l'essor à votre imagination, & prenez que ce soit une énigme que je vous ai donné à deviner, comme j'ai fait quelquefois.

J'ai l'honneur d'être très-sincérement,

Monsieur,

Votre très humble & très-obéissant serviteur L. B. D. B.

---

## LETTRE IV.

*A M. P. L. G. H. de la S. à Marseille.*

A Paris, ce 20 Avril 1784.

Je suis infiniment flatté, Monsieur, d'avoir rempli l'objet de ma commission à votre satisfaction. Cependant, malgré tout ce que je vous ai dit en faveur du magnétifme animal & du docteur Mefmer, je vous confeille en ami de vous comporter de maniere à n'avoir jamais befoin ni de la faculté mefmérienne ni de celle d'Hypocrate. On eft très-heureux, quand la maladie nous attaque, de rencontrer un honnête & habile médecin qui puiffe nous donner fes foins & nous guérir; mais on eft encore plus heureux quand on peut ne pas être malade, & fe paffer de toutes les facultés de l'univers. Je crois que c'eft une vérité que perfonne ne me conteftera. Vous me répondrez que c'eft une chofe impoffible à l'homme de vivre fans être malade, & par conféquent d'avoir befoin d'un médecin. Je ne conviendrai point avec vous de cette néceffité. Vivons avec plus de prudence; ménageons mieux notre fanté; attachons-nous à connoître notre tempérament, & foyons notre médecin nous-même. N'eft-ce pas une chofe ridicule qu'un homme fujet aux mêmes maladies que nous, vienne guérir les nôtres, pendant que fouvent il ne peut guérir les fiennes.

A peine fommes-nous nés, qu'on nous fait perdre une partie de notre jeuneffe à étudier des fciences bien fouvent inutiles à notre genre de vie, au lieu de nous faire étudier la plus effentielle, qui eft celle d'apprendre à nous connoître nous-mêmes, & de remédier au dérangement que notre intempérie occafionne le plus fouvent dans notre fanté. Je dis que notre intempérie occafionne,

car

car je ſuis très-perſuadé que les maladies ne doivent leur exiſtence qu'à nous-mêmes. Dieu nous a créé ſains & exempts de tous maux. La geneſe dit *que Dieu vit que tout ce qu'il avoit créé, étoit bon.*

Ce ſont nos excès, nos intempéries, l'uſage des choſes contraires à notre nature, qui peu à peu ont donné naiſſance aux maladies & abrégé notre vie. Chacun ſait que, dans les premiers temps, les hommes vivoient plus long-temps, & que la plupart des maladies de nos jours leur étoient inconnues. Si les médecins, dans ces premiers temps, étoient en ſi grande vénération, c'eſt qu'ils guériſſoient : ils n'avoient pas grande peine à guérir le petit nombre de maladies qui exiſtoient alors, & dont le caractere n'étoit pas auſſi rebelle que les nôtres. S'ils revenoient de nos jours, ces habiles médecins ne ſeroient peut-être pas capables de remplacer un petit chirurgien de village.

Je crois donc avoir raiſon de dire qu'il n'eſt pas d'une néceſſité abſolue d'être malade, & par conſéquent de recourir au médecin ; que ſi nous étions ſages & ſobres de toute maniere, nous ne ſerions pas ſujets aux maladies comme nous le ſommes, & que, ſi nous nous étions appliqués de bonne heure à connoître notre tempérament & les remedes ſimples & naturels que la nature nous fournit ſi abondamment & ſi gratuitement, nous ne ſerions jamais malades, ou ſi nous l'étions, nous ſaurions nous guérir nous-mêmes, ſans le ſecours d'un médecin qui quelquefois nous rend plus malades que nous ne l'étions, faute de connoître notre tempérament, & pour vouloir trop s'attacher à la regle.

Un marquis à qui l'on n'a rien épargné pour donner la plus belle éducation, qui ſait parfaitement danſer, faire des armes, monter à cheval, chanter en muſique, jouer des inſtrumens, qui a appris le latin, le grec, l'allemand, l'anglois, &c. ignore parfaitement comment il exiſte. A-t-il un mal de tête pour avoir paſſé la nuit à jouer, ou un mal d'eſtomac, pour avoir trop mangé & trop bû, le plus ſouvent ſans faim ni ſoif, ou avoir trop fait la cour aux dames, il ſe met au lit auſſi-tôt, & envoye promptement chercher le chirurgien, le médecin & l'apothicaire de la maiſon, & tout le monde eſt en l'air.

Les ſuppôts de la médecine arrivent. Monſieur a de la fievre, & cela n'eſt pas étonnant. Son ſang échauffé par les veilles, les liqueurs & les ragoûts de toutes ſortes, eſt dans une agitation qui reſſemble ſi fort à la fievre, qu'on s'y méprend. On commence par ordonner une diete ſévere, deux ou trois ſaignées, ſavoir, deux au bras, une au pied, dans les premiers jours; enſuite l'émétique, des médecines, des lavemens, des juleps, des potions calmantes, des tiſanes rafraîchiſſantes. On réitere la ſaignée plus ou moins, ſuivant la disposition du sujet, & le penchant du médecin pour tirer du sang, &c. en sorte que monsieur le marquis sera fort heureux, si, au bout d'un mois, il releve enfin de son lit, maigre, pâle, exténué, & en est quitte pour être un autre mois en convalescence, à garder la chambre, avec un régime fort ennuyant, & payant son médecin, à deux visites par jour, à 6 liv. par visite. . . . 360 l.

Le chirurgien, pour six saignées, à 6 liv. par saignée. . . . . . . . . 36

L'apothicaire, pour toutes les drogues qu'il a fournies pendant un mois au moins, dix louis d'or, & ce n'est pas trop pour un apothicaire. . . . . . . . . . 240

La garde qui a gardé monsieur, à 1 l. 10 s. par jour, pendant un mois. . . . 45

Pour la gratification, au moins. . . 6

687 l.

C'est donc six cent quatre-vingt-sept livres qu'il en coûte à M. le marquis pour s'être impatienté dans son lit, pendant un mois, avoir avalé des drogues d'un goût détestable, lui qui est si friand des bons morceaux, & avoir été saigné & clystérisé en conscience ; heureux encore, dans son malheur, que, pour le régaler, monsieur son médecin n'ait pas jugé nécessaire pour son mal de tête, de lui faire appliquer les vésicatoires entre les deux épaules.

En deux fois vingt quatre heures, un pauvre payſan ſe feroit guéri lui-même de pareille maladie, avec trois ou quatre pintes d'eau, quelques lavemens, & quelques ſoupes aux herbes. Ne donnez pas dans tous ces travers; croyez-moi, monſieur, tâchez de vous conduire de façon à n'être jamais malade, & ſi vous l'êtes, ſoyez votre médecin vous-même; vous gagnerez de l'argent; vous éviterez bien des déſagrémens, & vous ſerez plutôt rétabli. Pour vous confirmer dans cette opinion, je vous envoie ci-joint le ſentiment de Procope, grand médecin, dans un conte en vers qu'il a fait lui-même, & qui vous amuſera à ce que j'eſpere.

Je ſuis, MONSIEUR, très-parfaitement, avec le plus ſincere attachement, &c.

## LA MORT ET LE MÉDECIN,

### CONTE.

La mort, en faiſant ſa tournée,
Chemin faiſant, paſſa chez moi;
Elle y trouva la fievre accompagnée
De tous les maux qu'elle traîne après ſoi.
J'étois en triſte déſarroi,
Pâle, défait, la face décharnée,
Les yeux éteints, enfin prêt à partir;
Un moine à mon chevet tâchoit de me réſoudre
A lui donner lieu de m'abſoudre

Par un ſincere repentir :
Je voulois obéir, & d'une voix mourante,
Je criois : *peccavi*, lorſque la mort parut.
En cet état elle me méconnut,
Et me croyant la victime innocente
De la celebre faculté,
D'un coup de ſa faulx menaçante,
Elle alloit avancer le moment redouté,
Quand (juſte ciel!), que je l'échapai belle!
Je jettai par haſard les yeux de ſon côté.
Mon corps fut inondé d'une ſueur mortelle;
Mais j'éprouvai bientôt qu'une extrême frayeur
Nous ſert à prévenir quelquefois le malheur.
Je puiſai dans ma crainte une force nouvelle,
Et ranimant un reſte de vigueur,
Arrête, m'écriai-je, arrête, ô mort cruelle!
Je ſuis de ton empire un apprentif ſoutien;
Je ſuis un médecin. Toi médecin, dit-elle!
Oui, dis-je, & de Paris. Le pays n'y fait rien.
Tu t'appelles? Procope. Il ne me ſouvient gueres
D'avoir oui nommer ce nom là-bas;
Et pourquoi, s'il eſt vrai, ne te connois-je pas,
Comme je fais tous tes confreres?
A l'envi, chaque jour, ils peuplent mes états;
Mais de toi rien ne vient. Le moyen, répliquai-je;
..... Je ſuis ſi jeune; à peine ai-je atteint vingt-cinq ans :
Je n'ai pas encore eu le temps
De jouir de mon privilege.
Juſqu'ici par moi peu ſe ſont fait ſoigner,
Et les premiers j'ai cru devoir les épargner
Pour attirer la confiance;
Mais à préſent la pratique commence :
Dans peu vous entendrez parler de moi.
Laiſſez-moi donc le jour; il peut vous être utile.

Pour ma rançon je vous en offre mille.
Soit, dit la mort : sois sain ; mais souviens-toi
A quel prix je te laisse vivre.
Pour me tenir parole, il est bien des moyens :
Pour le plus sûr, tu n'as qu'à suivre
Les leçons des anciens,
Sur-tout saigner beaucoup ; c'est la plus coute voie.
Adieu. Le ciel te tienne en joie.
Grace à ma qualité, je me porte fort bien ;
Mais, comme j'ai promis, la mort n'y perdra rien :
Pour un sujet que perd l'empire sombre,
Bien d'autres qui n'en peuvent mais,
Vont, par moi, tous les jours en augmenter le nombre,
Et Pluton ne pourra loger tous ses sujets.
Vous pour qui j'eus toujours une amitié sincere,
Cher abbé, profitez d'un conseil salutaire :
Pour échapper à la commune loi,
S'il se peut, passez-vous toujours du ministere
De mes confreres & de moi,
Ou, si, comme on le dit, cela n'est pas possible,
Si tout homme est mortel, & qu'il faille à son tour
Aller prendre une place au ténébreux séjour,
Vous en vivrez du moins plus heureux, plus paisible,
Peut-être même plus long-temps.
Pour vous dire la chose en homme véritable,
Vivre selon nos réglemens,
Vous le savez, c'est vivre misérable,
Et risquer de mourir à la fleur de vos ans.
On peut facilement sans nous passer la vie.
Les animaux vivent sans médecin.
Sans crainte de la maladie,
Allez toujours votre chemin ;
Ne faites rien qui la puisse produire.
Les maux ne viennent point vous chercher sans raison.

Si tout le monde avoit l'esprit de se conduire
Remede & médecine seroient peu de saison ;
Mais dans ce monde on vit d'une étrange façon
Chacun semble fait pour se nuire.
Que l'exemple d'autrui nous serve de leçon :
Aux dépens du prochain sage qui peut s'instruire.
Pour prévenir les maux où nous sommes sujets,
Sans mandier recette ni secrets,
Un bon régime doit suffire ;
Sur le présent n'ayez aucun chagrin ;
Sur l'avenir aucune inquiétude ;
De quelqu'amusement entremêlez l'étude ;
Mangez, buvez sur-tout du meilleur vin ;
Ajoutez à cela quelque peu d'exercice ;
Ne forcez rien ; en tout que la nature agisse ;
Passez la nuit dans un profond sommeil,
Et ne précipitez jamais votre réveil.

FIN.

www.ingramcontent.com/pod-product-compliance
Ingram Content Group UK Ltd.
Pitfield, Milton Keynes, MK11 3LW, UK
UKHW020932180726
13838UKWH00002B/900

9 782329 381237